吉林省发展和改革委员会课题"激发吉林省民间投资发展活力的制度安排与政策建议""产业集聚与吉林省开发区建设研究";教育部人文社会科学研究项目"民间金融对接中小企业融资缺口的法金融制度安排研究"（15YJC790050）;吉林省教育厅"十三五"规划项目"吉林省'麦克米伦缺口'的法金融治理研究"（JJKH20170141SK）

吉林省民间资本对接"麦克米伦缺口"的制度安排及实现路径研究

李 阳　井丽巍　刘东来 著

中国财经出版传媒集团

经济科学出版社

Economic Science Press

图书在版编目（CIP）数据

吉林省民间资本对接"麦克米伦缺口"的制度安排及实现路径研究/李阳，井丽巍，刘东来著．—北京：经济科学出版社，2018.12

ISBN 978 - 7 - 5218 - 0101 - 9

Ⅰ.①吉… Ⅱ.①李…②井…③刘… Ⅲ.①中小企业 - 企业融资 - 研究 - 吉林 Ⅳ.①F279.273.4

中国版本图书馆 CIP 数据核字（2018）第 292214 号

责任编辑：白留杰　刘殿和
责任校对：曹育伟
责任印制：李　鹏

吉林省民间资本对接"麦克米伦缺口"的制度安排及实现路径研究
李　阳　井丽巍　刘东来　著
经济科学出版社出版、发行　新华书店经销
社址：北京市海淀区阜成路甲 28 号　邮编：100142
教材分社电话：010 - 88191355　发行部电话：010 - 88191522
网址：www.esp.com.cn
电子邮件：esp@esp.com.cn
天猫网店：经济科学出版社旗舰店
网址：http://jjkxcbs.tmall.com
北京密兴印刷有限公司印装
710×1000　16 开　10.5 印张　150000 字
2018 年 12 月第 1 版　2018 年 12 月第 1 次印刷
ISBN 978 - 7 - 5218 - 0101 - 9　定价：32.00 元
（图书出现印装问题，本社负责调换。电话：010 - 88191510）
（版权所有　侵权必究　打击盗版　举报热线：010 - 88191661
　QQ：2242791300　营销中心电话：010 - 88191537
电子邮箱：dbts@esp.com.cn）

# 前　言

"麦克米伦缺口"由英国政治家麦克米伦在1931年提出。他指出中小企业在筹措长期资本时，由于信息不对称等原因存在融资缺口，需要政府采取措施进行治理。由此，中小企业融资难被称为"麦克米伦缺口"。就吉林省而言，随着中小企业的不断发展壮大，"麦克米伦缺口"问题也逐步凸显。中小企业在融资时会遭遇三个层次的金融行为：白色金融、灰色金融和黑色金融。由于信息不对称等原因，白色金融在贷款偏好上普遍存在中小企业歧视，加之企业自身出于控制权等因素的考虑，使这一层次的资金很难与"麦克米伦缺口"形成有效对接。另外，民间积聚了大量资本，它们存量于民营企业的流动资产和家庭资产中，由于国内金融投资产品匮乏，加之没有良好的制度环境，这一巨大的资本得不到有效释放，进而造成民间资本存量巨大与中小企业资金短缺的矛盾现象。如何在二者间架起一座桥梁，形成有效对接，对中小企业融资这一难题的破解、吉林省金融体系的完善乃至吉林省经济的整体发展都具有重大现实意义。

实践中不仅存在一般意义上的"麦克米伦缺口"，更存在由制度供给短缺形成的放大形态的"麦克米伦缺口"。对在体制内很难得到融资的中小企业来说，只能在灰色或黑色金融空间里寻求突围，声誉机制和关系治理的私人秩序在中小企业融资过程中扮演了极为重要的角色。但由于民间信用体系的内生性缺陷，"麦克米伦缺口"更多地表现为制度化信任等社会资本缺口，这导致民间金融关系的私人秩序在自发演进过程中金融风险不断累积,需要我们从制度化、法律化的金融视角,来重新思考这个金融难题。传统的法金融认为法律制度是金融发展的外部环境,但"麦克米伦缺口"的治理经验表明,中国已从始于1989年严格刚性的制度治理向刚柔并济型治理模式迈进。但法律制度之间的含混与矛盾,给现实中的执法造成了诸多不确定性,这势必不利于民众预期的稳定性以及信任等社会资本的累积。何种制度设计和金融安排符合吉林省民间资本对接"麦克米伦缺口"的内在需求,需要进行大量探索和深入研究,从而探寻未来的本土式"麦克米伦缺口"治理之道。

"麦克米伦缺口"的实质并非仅仅是简单的"资金缺口",而是信任等"社会资本缺口",因此,解决和治理这个问题的关键是要解决"信任"的制度基础问题。而治理融资缺口中"社会资本匮乏"的方略,可以表现为"私人秩序"与公共秩序的某种最优组合。由此,在本书研究中,整个民间资本可以划分为两大部分、三个层次:一部分是可以引导直接转为正规化的民间资本,使其进入公共秩序,以民营银行等正规金融机构为代表,此部分为第一层次;另一部分为一段时间内无法实现正规化的民间资本,留在私人秩序中。就私人金融秩序来说,非正式金融治理制度,包括以声誉为基础的自我实施治理、非正式的第三方或自治性质的金融组织治理。因此,这一部分又可以划分为两个层次,即可以引导进入市场信誉或金融信誉中间载体的民间资本和纯私人秩序的民间资本。因此,本书主要关注推动三个层次的民间资本有效对接"麦克米伦缺口"的法金融制度设计。具体内容包括:

(第1章)吉林省民间资本存量与"麦克米伦缺口"的现状研究。主要考察实践领域吉林省民间资本存量的多少和"麦克米伦缺口"的现实发展状况,并在此基础上从数量、特征和需求等方面分析吉林省民间资本投资者的投资偏好和投资需求以及民间资本与"麦克米伦缺口"的拟合度,以揭示二者对接的必要性和重要性。具体包括:(1)民间资本存量数量及分布研究;(2)"麦克米伦缺口"的现状研究;(3)民间资本与"麦克米伦缺口"的拟合度研究。

（第2章）民间资本对接"麦克米伦缺口"的法金融案例研究。自2012年3月28日以来，温州作为金融改革的试验区及解决民间资本出路和引导民间融资规范发展的先驱，其成功经验和所暴露出来的问题都极具代表性。因此，本书将对温州试验区案例进行深入研究，利用访谈和问卷调查数据，在实践的历史和现状分析基础上，总结"麦克米伦缺口"中国式治理的成功经验，重点关注制度缺陷，研究影响民间资本对接"麦克米伦缺口"积极性的主要因素，为进一步深入研究及完善制度设计提供参考依据。此外，还将选取具有代表性的民营银行——泰隆银行做案例研究，为吉林省民间资本进入公共秩序的制度设计提供有价值的参考依据。

（第3章）民间资本有效对接"麦克米伦缺口"的法金融制度安排。主要围绕民间资本的模块划分展开，具体包括四部分：(1) 民间资本有效对接"麦克米伦缺口"的基础性制度构建。包括：利率市场化的实现路径和中小企业信用评级制度的设计。(2) 民间资本通过公共秩序有效对接"麦克米伦缺口"的具体制度安排。包括：民间资本的市场准入制度设计；民营银行的存款保险制度设计；民营银行等金融机构的信用担保制度设计；民营银行等金融机构的金融监管制度设计；民营银行等金融机构的市场退出制度设计。(3) 民间资本通过中间载体有效对接"麦克米伦缺口"的具体制度安排。包括：中小企业创新型信息披露制度设计；平台注册、备案制度设计；平台运行监管的制度设计；通过纯私人秩序有效对接"麦克米伦缺口"的制度设计。

（第4章和第5章）吉林省民间资本有效对接"麦克米伦缺口"的实现路径与政策建议。执法效率是解释一国金融发展规模的一个重要变量，制约转轨经济国家金融市场发展的一个重要因素是执法效率的低下。特别是转轨时期要加强金融市场的投资者保护水平，增强投资者信心，除了具备完善的制度设计外，较好的实现路径则能提高执法效率。因此，本部分的研究主要由两方面构成：（1）执法效率与投资者保护水平及民间资本市场发展规模的关系研究，运用实证分析证明，执法效率比法律条文的质量对金融市场的发展水平有更强的解释力。（2）提高吉林省民间资本有效对接"麦克米伦缺口"的执法效率的对策研究。

作　者

2018 年 11 月

目　　录

引　　言 ·· (1)

第1章　吉林省民间资本存量与"麦克米伦缺口"的
　　　　现状研究 ·· (4)

1.1　民间资本存量数量及分布研究 ··································· (4)

1.2　"麦克米伦缺口"的现状研究 ··································· (26)

1.3　民间资本与"麦克米伦缺口"的拟合度研究 ············· (42)

第2章　民间资本对接"麦克米伦缺口"的法
　　　　金融案例研究 ·· (48)

2.1　温州试验区案例研究 ··· (49)

2.2　其他代表性地区案例研究 ··· (66)

2.3　中国式治理经验分析 ··· (72)

第3章　民间资本有效对接"麦克米伦缺口"的法金融
　　　　制度安排 ·· (74)

3.1　民间资本有效对接"麦克米伦缺口"的基础性
　　 制度构建 ··· (74)

3.2　民间资本通过公共秩序有效对接"麦克米伦缺口"的
　　 具体制度安排 ··· (94)

3.3 民间资本通过中间载体有效对接"麦克米伦缺口"的
具体制度安排 ………………………………………（97）

**第4章 吉林省民间资本有效对接"麦克米伦缺口"的
实现路径** ……………………………………………（102）

4.1 相关理论与概念 ………………………………………（102）
4.2 执法效率、投资者保护水平和中小企业融资效率
关系的实证研究 ………………………………………（106）
4.3 提高执法效率实现二者有效对接的具体对策 ………（124）

**第5章 吉林省民间资本有效对接"麦克米伦缺口"的
政策建议** ……………………………………………（128）

5.1 激发民间投资者投资潜能的政策措施 ………………（128）
5.2 内外合力优化吉林省民间投资环境的措施 …………（129）
5.3 改进中小企业内部循环，提升自我吸引对接 ………（131）
5.4 利用互联网金融实现民间资本与"麦克米伦缺口"的
有效对接 ………………………………………………（132）

附录1 吉林省中小企业融资偏好调查问卷 ………………（135）
附录2 关于居民投资者投资偏好的调查问卷 ……………（138）
附录3 源数据记录表 …………………………………………（140）
参考文献 …………………………………………………………（151）

引　言

1929年，爆发了一场迄今为止最严重的世界经济危机。英国政府为了解决这次经济危机，委任以麦克米伦为首的英国的"金融产业委员会"对英国个别行业的经济运行状况进行考查。经过大量调研考察后，麦克米伦完成了一份《麦克米伦报告》。该报告指出，英国的中小型企业在运营运作的过程中存在着难以获取融资的问题。资金的供给方由于多种原因，不肯为中小型企业提供资金，使得中小型企业资金链存在缺口。这种资金链的缺口也叫作"信用配给不足"。在这之后，人们把中小型企业在生产经营过程中存在的资金缺口叫作"麦克米伦缺口"(Macmillan Gap)。

从本质上来看，"麦克米伦缺口"就是市场调节失效反映在企业身上的一种表现。在实际的市场经济运行过程中，根本就不会存在着完全竞争的市场结构。由于所谓的"完全竞争市场"存在的前提条件太过苛刻，所以，这在实际经济市场运行过程中，是不可能实现的。由于信息的时效性、市场的垄断性，以及在公共用品领域单纯依赖市场的调节作用来配置资源，使效率不能达到帕累托最优，从而出现了市场调节失效。"麦克米伦缺口"状态下的市场调节失效主要有以下的三个特征。

首先，这种市场调节失效是一种"帕累托改进"的状态。"帕累托改进"是指假设在对某种资源的分配进行调节时，使一项资源的情况有所改善的同时，没有使其他资源的境况变得恶化，类似于这样的调整，人们把它叫作"帕累托改进"。在一个理想的追求资源利用率和生产效率的市场环境下，市场能够准确地进行资金的调节，以达到资金需求与供给的平衡。由于在企业融资过程中存在着困境，资金的提供者并没有将手中的资金资源合理有效地分配给资金的需求者，资金的需求与供给没有得到及时调整，所以，也就不能达到双赢。

其次，造成"麦克米伦缺口"的根本原因就是，在现有金融体系大环境下，中小型企业无法顺利融入现有的经济体制。在社会主义市场经济的大环境中，中小型企业的经济活动重心是达到资源利用效率最高、经济利益最大化。然而由于许多中小型企业的可抵押资产较少、担保能力弱、管理制度和财务制度不完善、信用水平低下，银行等信贷机构普遍认为贷款给中小型企业是高成本、高风险、少利润的行为。大部分银行及贷款机构更倾向把信贷资源投向那些拥有规模庞大的资产、财务及管理制度完善的大型企业，而不愿意融资给中小型企业。这就导致大量中小型企业在通过金融机构获得足量的资金方面有着很大阻碍。与此同时，中小型企业的信誉度普遍低下，因此采取上市的方式，通过金融市场进行融资的道路也行不通。由此观之，在现有的经济大环境下，无论是采取间接融资还是直接融资，中小型企业的融资道路都十分艰难。

最后，市场对资源的调节作用之所以在"麦克米伦缺口"状态下没有得到展现，是因为在这种状态下存在着大银行的垄断。我国目前存在的金融体系是以国有银行为主的，其主要服务对象是国有企业。并且，大银行往往因为缺乏对中小型企业经营信息的了解，与中小型企业之间交易存在更高的交易成本等原因，不愿对中小型企业进行融资。这就导致中小型企业更难获得资金来源。市场对资源的配置失灵是市场对资源调控能力变弱、借贷双方供求的不平衡等因素共同作用的结果。据统计，目前我国的中小型企业占全国企业总数的99.9%，中小型企业的快速发展给GDP带来的贡献率超出60%。中小型企业为国家贡献的税收收入总额占53%以上，是推动国民经济快速健康发展的强大力量。中小型企业的快速发展，大大提升了社会对金融服务业的需求。然而不论金融机构还是大型国有商业银行，对中小型企业的金融支持力度都相对较小，这一小部分资金往往满足不了中小型企业在发展过程中对资金的需求。

第1章 吉林省民间资本存量与"麦米伦缺口"的现状研究

自改革开放以来,吉林省的各项产业发展不断扩大增强,而近年来吉林省民间投资者的力量变得更加突出,吉林省民间投资的比率占到全社会资本投资额的比重也超过了七成,并且呈现逐年递增的趋势。所以深入探讨吉林省民间投资者潜能的相关问题变得更加重要。本章将明确民间投资和投资潜能的概念,以及当前吉林省民间投资的现状,并对比其他发达省份的民间投资情况,为明确清晰吉林省民间投资潜能和未来民间投资的发展方向提供依据。

1.1 民间资本存量数量及分布研究

1.1.1 投资潜能和民间投资的概念维度

首先,投资是指特定的经济主体为了在未来可预见的时期内获得收益或是资金的增值,在一定的时期内向一定领域投放足够数额的资金或实物的货币等价物的经济行为。

民间投资指的是来自民营经济所涵盖的各类主体的投资,具体包括个体投资、集体企业投资、私营企业投资和私有资本控股的股份制企业投资。也可以理解为全社会固定资产投资总额扣除国有经济及其他经济的投资，剩下的集体经济、个体私营经济、股份制经济、外商直接投资经济和联营经济即是民间投资。总之，在经济学领域中，对民间投资的范围划分并未有明确清晰的界限，但民间投资作为一种重要的投资类型是客观存在和必不可少的。

1.1.1.1 投资潜能

投资潜能，是一个抽象的概念。投资潜能即为可以进行项目投资的潜在经济能力。举例来说，在我国沿海的省份，旅游产业开发的比较完善，所以相对内陆省份而言，沿海省份旅游产业的投资潜能较大一些。在判断一个地区对产业的投资潜能时，除了需要考虑该地区和相关产业是否发达的同时也要考虑该地区的资本是否充足，是否已大规模投入了其他产业这一因素。比如在吉林省的珲春地区，资本更多地投入了货物出口和转运方面，对于其他产业的投资潜能就变得小了。

而作为分析投资潜能来讲，有两项能力标准。一个是作为金额而言的投资数额，另一个是投资的可持续能力，即为可以持续投资某一产业或项目的时间长度。所以接下来对于吉林省民间投资者投资潜能的分析将会参照这两项标准。

1.1.1.2 民间投资和民间投资者

民间投资者，既是民间投资的具体决策者也是实施者。民间投资更是一个宏观上的概念，而民间投资者是具体的人。他们大多数是作为个体私营经济所有者、集体经济所有者和个体投资者来参与对社会的投资。简单地说，拥有决策民间资本投资方向的都可以作为民间投资者来理解。民间资本不同于国有经济和其他公有制经济的资本，国家的经济政策对于民间资本更多的是一种引导和调节，不像作为中国经济的主导经济——国有经济和作为主体经济的公有制经济的资本那样，受国家宏观调控的影响较大，政策偏斜度大。民间资本更多地反映一个地区市场需求的变化方向和民众投资意愿等。举例来说，近年来的第三产业，尤其是旅游业发展迅速，所以民间资本会更多地倾向投资旅游产业及其相关周边产业，而一系列的数据也的确反映了这一现象。所以合理利用和疏导民间投资的方向变得越来越重要。

1.1.2 吉林省民间投资整体综观

通过上文对以往的关于吉林省民间投资的统计资料可以看出，吉林省民间资本投资的规模发展速度并不是一成不变的。在改革开放初期，由于吉林省处于东北老工业基地的重要位置，一直是以重工业及农业发展作为主要的发展支柱，然而在改革开放初期这些产业是需要国家扶持投入的，作为当时尚未成规模的民间投资很少涉及这些产业。20世纪90年代后，民间资本的规模进一步扩大，民间投资的领域也不断扩展。在2010年后，民间资本的投入规模已经占到了全社会投入额的一半以上，2016年甚至超过了70%。接下来，本书就用数据细致分析吉林省民间投资的发展情况。

1.1.2.1 吉林省民间投资的发展历程

本书用以往20年的数据为参照，对比吉林省民间投资占全社会投资的比重。1996年，吉林省民间投资占全社会投资的比重为29.1%、1997年为37.7%、1998年为37%、1999年为39.7%、2000年为43.9%[1]。由此可以看出在2000年之前，吉林省的民间投资规模未超过全社会投资比重的一半。且历年的增速也比较小，增速均在5%以下，甚至有些年份有所减少。但在2006年，这一比重达到了53.6%，比重

---

[1] 吉林省统计局. 吉林统计年鉴（2016）[M]. 北京：中国统计出版社，2016.

首次过半。而在当时全吉林省的发展也十分迅速,以至当时有"吉林速度"这一名字来形容吉林省发展之迅速。近十年来,民间投资的规模和增速始终保持高速的发展,平均增速达到了10%,在2005~2006年增速一度达到15%这一高峰。这一发展速度达到了全国各省份中的第四名。以2016年为例,民间投资规模比2015年增加了12%,民间投资比重占到了74%这一高度。

从民间投资增速情况来分析,在未来数年里,吉林省民间投资规模很难有更高的增速,但在规模上会进一步扩大。所以从吉林省民间投资者投资潜能来讲,持续扩大的民间投资规模依旧可以更好地为民间投资者提供发展空间和渠道。图1-1清晰地反映了吉林省20年来民间投资占全社会经济投资比重的变化。

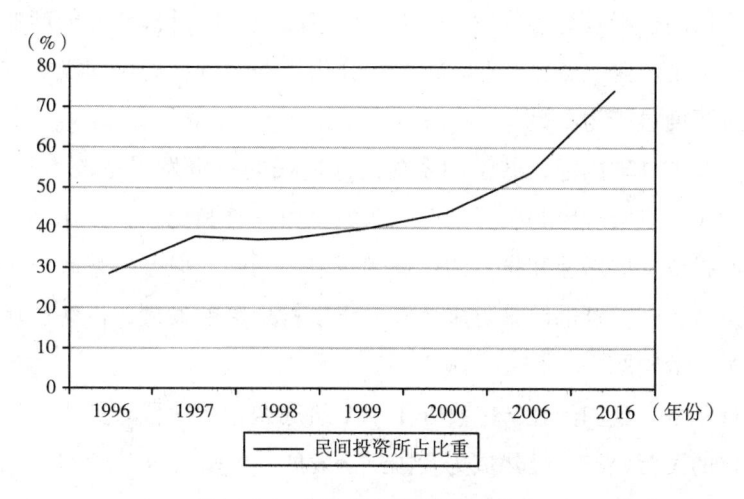

图1-1 历年民间投资比重变化

1.1.2.2 吉林省民间投资的现状

从改革开放至今,吉林省民间投资逐渐成为推进全省经济和社会发展的一支越来越重要力量。根据国家以往的统计资料,吉林省民间投资占全社会投资的比例1999年为39.7%、2000年为43.9%,并基本呈逐年递增趋势。而在2016年，民间投资增长了12%，已经占到了固定资产投资的74%。但同东部发达省区比较，相差较大。但是，近年来吉林省的民间资本发展速度更为迅速，较之前已有翻天覆地的变化。这离不开近年来吉林省政府出台的促进支持民间投资发展的相关政策，如打破行业所有制限制和完善产权制度等措施。

除了民间投资额占全社会投资额比重的数据之外，当前吉林省民间投资较东部沿海发达省份的差距更多地体现在投资的产业领域方面。吉林省作为东北老重工业基地和重要粮食产地，民间资本的投资领域当前也更多地投资于重工业项目和一些农业项目。例如，汽车、石化、焊接等重工产业和其他农业养殖种植产业等。但同发达省份相比较而言，在许多新兴的产业领域方面，如信息产业、小区服务产业和环保产业等，吉林省民间投资就显得落后了许多。同时在成长前景被看好的产业领域中，如旅游产业、教育产业、市场中介组织等，吉林省民间投资的力度和重视程度也较为不足。

而在吉林省内部，城镇和乡村之间的民间投资发展也较为不平衡。城镇的民间投资规模和投资的产业领域更为完善和庞大，相比之下农村的民间投资发展增速和投资的产业领域较为局限。但近年来政府出台的关于发展民间投资的政策更多地倾向于农村地区的发展，以解决城乡发展不平衡的问题。

近年来，我国的经济一直处于一个筑底企稳的阶段。其中以民间投资为首的民营经济，已然成为我国经济发展的中坚力量。20世纪初期民间投资展现出了不凡的实力，增长的势头非常迅猛，但在步入21世纪之后，民间投资虽仍处于增长态势，增长率却逐年减缓。若分区域来看，东西南北中区域，民间投资增速回落最快的，实属西部区域，从数据来看，从2014年7月的20.8%增长率直接在2015年12月回落到4.8%，下降幅度之大令人震惊并且担心。在此期间，西部区域整体的经济也呈现出了急速下跌的趋势，同比下降了14个百分点。而中部和东部下降态势平稳,并无太大的波动。若分产业类别来看,第一产业的民间投资依然保持着持续增长的态势。农业型行业(包含种植业、林业、畜牧业、水产养殖业等直接以自然物为对象的有关行业)的民间投资增长率与往年相比增长了24%。第二产业中制造业的民间投资水平呈现平稳态势,如电力、热力、水力等。但资源型行业(指矿产的采集和挖掘,不可再生能源的采集与加工等)的民间投资却大幅下降,各方面均出现"断崖式"下跌。第三产业则全方面呈现稳步上升态势。

直到2016年前三季度,我国的民间投资增长了2.6%,这才结束了长期以来增长率持续回落的态势。但虽如此,我国的民间投资相比于社会总投资,仍处于低位的态势,逐步成为我国宏观经济下的一大"痛点",引起了全社会的广泛关注。2016年5月以来,李克强总理在出席的10次常务会议中有4次都在大会中提出关于民间投资的话题。"抓住社会投资,尤其是民间投资这个影响中国经济未来发展的关键点,发挥促进发展的千钧之力"[①]。国务院在针对已然落后的关于民间投资的各项政策方面发布了改进办法,并且出台了推进民间投资发展的众多新政策。例如,《关于进一步做好民间投资有关工作的通知》《促进民间投资健康发展若干政策措施》《降低实体经济企业成本工作方案》《关于积极稳妥降低企业杠杆率的意见》《传统基础设施领域是市政府和社会资本合作项目工作导则》等[②],除此之外还下派了许多督导组到全国各省进行调研,政策和调研双管齐下,这种重视程度实在是少见。可见,国家想要通过相关政策的优化,来刺激民间投资的发展,进而带动中国经济的腾飞的迫切心态。

对比国家民间投资的现状,21世纪以来,吉林省民间投资已经逐渐成为推动吉林省经济发展的重要力量。根据国家统计年鉴资料,吉林省

---

① 储思琮. 民间投资增速回落:李克强为什么抓住这件事不放 [DB/OL]. 中国政府网,2016-07-20.

② 投资北京编辑部. 让民间资本投资有门 [J]. 投资北京,2016 (9).

民间投资占全社会投资的比例 2011 年为 18.9%、2012 年为 28.4%、2013 年为 33%、2014 年为 40.3%、2015 年为 44.2%，基本呈现出逐年递增的趋势。假如与同期中部发达省份对比，以 2013 年为例，当年吉林省民间投资占全社会投资的比例为 33%，而湖南省为 57.8%、河北省为 67%、山西省为 64.2%、湖北省为 52.4%。其中个体民营经济投资占全社会投资的比例，湖南省为 23.1%、河北省为 26%、山西省为 29.2%、湖北省为 17%、吉林省为 7.4%，而当年全国平均值为 12.6%。虽然对比来看吉林省与中部各发达省份仍存在着许多差距，甚至没有达到当年的平均水平。但经过政府相关政策的推进，至 2017 年，吉林省民间投资占全社会投资比例持续攀升，民间投资增速始终保持在 10% 以上。回顾 2016 年整年经济社会发展形势，可以概括为三句话，即总体平稳、稳中有进和稳中向好。2016 年吉林省经济增长稳步回升，一季度、上半年、前三季度分别增长 6.2%、6.7%、6.9%，全年预增长 6.9%，时隔 3 年重新回到了全国平均水平以上。吉林省在民间投资方面相比东北地区实属一马当先，成绩非常优异。

非政府性企业投资的发展情况对整个民间投资的影响是巨大的，可以说基本占比民间投资的 70%。经过多年的努力与发展，非政府性企业投资成为拉动民营经济、扩大社会就业的一大渠道，并且涵盖面极其广泛，涉足了工业类、服务类、创新类、电信类等众多产业。为缩小我国贫富差距，保持社会稳定，推动经济发展作出了贡献。与此同时，吉林省的民营企业也得到了快速的发展，对吉林省经济增长的贡献越来越大。有关资料表明，目前我国民营企业已达 4300 万户，占全国企业总数的 80%，而吉林省的民营企业总数占全国民营企业的 17%，足见吉林省民营企业近年来的发展是迅猛的。虽然如此，但吉林省的民间投资市场仍存在对民营企业这类非政府性投资企业的诸多限制因素，阻碍了非政府性民间投资的发展。如何合理化解此类限制因素是我国目前亟待解决的一大问题，相信如果配合政府和社会合理的资源配置，民营企业未来的发展是不可限量的。

民间投资者除了指占有很大份额的民营企业之外，居民进行的民间投资活动也占了很大一部分。其所产生的效益也在很大程度上影响着民间投资的总体发展态势。2016年吉林省够规模的工业企业利润连续增长6个月，一年下来增长了6个百分点。居民基本实现了收入同步增长，城乡居民人均可支配收入分别增长了6.8个百分点和8个百分点。除此之外，吉林省还通过落实增加城镇的工作岗位，实现新增就业53万人，完成了计划多年的30万人脱贫攻坚的艰巨任务。此举彻底将居民的经济从巨大压力和负担中解脱了出来。据可靠数据，吉林省2016年的民间储蓄量高达5000亿元，说明吉林省的民间投资潜能很大，起码其资金储备是非常充足的。同时也从另一侧面反映出吉林省的居民：要么是对民间投资的认识还不够，没有理财意识，未将自己的存款投入民间资本市场去赚取利益；要么就是了解吉林民间投资过去几年的发展态势，逐渐对吉林省的民间投资失去了信心，不再敢将资金投入或者说不再愿意将资金投入资本市场了。不管是两种的哪一种，相信只要政府和社会做得好，都能在未来激发出吉林省民间投资者的巨大投资潜能。

现有的吉林省居民的投资渠道，除了银行储蓄、购买国债和后续衍生出来的支付宝中的余额宝、微信的理财通等互联网金融，通过投入资金赚取微弱利息收益的投资；还包括投资信托产品、投资股票（俗称炒股）、购买债券、购买股权以及购买商业保险和投资固定资产（比较普遍的就是投资房地产）。这几大类投资都具有不同的特点，如银行存款和购买债券对居民来说是最便捷的一种投资方式，但回报率非常低，而且投资周期一般较长。部分居民利用手里的闲钱进行此类投资，这类居民大多不期望此次投资能为自己带来多大的经济利益，只求稳定发展，有保底的心态。购买股票则是一项高风险高收入的投资项目，可以轻易地实现一夜暴富，这也是炒股之所以风靡全国的一个重大原因，大家仿佛都看到了一条发家致富的捷径。但殊不知有多少投资者经历过炒股失败一夜回到"解放前"而破产的绝望。这也许是炒股的魅力,你永远不知道下一秒会发生什么。喜欢投资股票的居民投资者大多胆大心细,有一定拼搏精神,对该项投资能够带来的收益期望较高。购买商业保险则是针对自身存在的风险而购买的,能够合理的可预见的规避风险。投资房地产则有投资对象固定、不可移动、投资周期长且成本高等特点。

1.1.2.3 吉林省民间投资的区域分布

吉林省经济区域基本上可以划分为西部地区、中部地区、东部地区这三部分。在经济发展程度和规模上,由于一汽产业位于中部的长春市,东部地区临近边境,商贸产业发达,所以中部和东部地区发展程度较高,相比民间投资利用的程度也更高。而西部地区由于位于干旱地带,所以环境问题也在一定程度上制约着西部地区的发展。

(1) 西部生态经济区。在经济上,吉林省西部地区也称为西部生态经济区,西部地区的主要城市包括白城市、松原市等。在经济总量上,2015年,白城地区生产总值约为700亿元,其中第一产业总量为118亿元,第二产业总量为318亿元,第三产业总量为263亿元。松原地区生产总值为1600亿元,其中第一产业为285亿元,第二产业为721亿元,第三产业为630亿元[1]。由此可以看出,吉林省西部地区的主要经济产业仍是第二产业,但是第三产业所占的经济比重也很高。

在"十二五"时期(2011~2015年),白城市民间投资在5年间累计完成1085.93亿元,占到了全部投资总量的48.25%,民间投资额分别为179.61亿元、245.1亿元、194.73亿元、213.46亿元和253.03亿元,占当年投资总量的比重分别达到了50.79%、34.5%、29.88%、64.09%和56.08%。同时民间投资所涉及的产业领域也不断拓宽,并且

---

[1] 吉林省统计局. 吉林年统计年鉴(2016)[M]. 北京:中国统计出版社,2016.

在部分行业已占据主导地位。以民间投资为主创业的一批企业也脱颖而出，如吉林绿能生态牧业有限公司、吉林雏鹰农牧有限公司和华电吉林大安风电场等大型现代企业，这些企业已开始进入了技术创新、产业集聚、专业分工的发展阶段，已经成为推动白城市经济发展的重要动力。

凭借民间投资主体的多元化，投资方式的多样化，使得白城市经济发展变得更有活力，同时白城市民间投资主体也呈现出以私营个体经济为主的多元化的发展态势。在 2011~2015 年，白城市各项目投资中民间投资额累计为 1085.93 亿元，其中，有限责任公司、私营个体经济和其他经济累计投资为 36.9 亿元、261.6 亿元和 530.5 亿元，分别占民间投资总计的 3.4%、24.1% 和 48.9%。私营个体经济投资年均增长达到 36.17%，比重由 12.7% 上升为 30.9%，有限责任公司投资年均增长达到 4.15%，占民间投资的比重由 5% 上升到了 5.2%；其他经济投资，年均增长为 2.81%，比重则由 2011 年的 79.5% 下降到了 2015 年的 63%。

(2) 中部创新转型核心区。在经济上划分，吉林省中部地区主要包括长春市、吉林市、辽源市和通化市等。其中以省会长春市最为重要，长春市的传统三大支柱型产业是汽车制造、轨道客车和农产品加工三项产业。2015 年，长春市民间投资达到 1420 亿元，占到了全部投资的八成，同比增长了近 30%。在 2016 年 1~10 月，长春市的固定资产投资累计 4360.8 亿元，同比增长了 11.3%，比全国平均增幅高了 3 个百分点，比全省平均增幅高了 1 个百分点；同时，投资总量在东北四市（沈阳、大连、长春和哈尔滨）中达到第一。在近年沈阳和大连投资萎缩，哈尔滨增幅下降的东北投资形势中，长春市的投资却逆势而上，保持了稳步上升态势。截至 10 月份，长春市的新开工项目 4943 项，同比增加 2214 项，增长了 81.1%。而全施工项目累计达到 5818 个，同比增加了 2526 个，增长 76.7%[1]。新增施工项目成为支撑投资总量的重要保障。

---

[1] 杨嵩男. 2016 年吉林省民间投资增速预计超 10% [N]. 长春日报，2016-01-07.

民间投资项目的规模不断加大，大型项目的带动作用增强。长春市项目计划投资共12190.6亿元，同比增长29.2%，而新开工项目计划投资4387.6亿元，同比增长25.6%。其中，长春市亿元施工项目达到1037项，同比增加了231项，增长近三成，亿元项目投资额达到1772.3亿元，同比增长16.4%；10亿元项目244项，同比增加了84项，10亿元项目投资累计886.9亿元，同比增长54.4%；超百亿元项目首次超过了6项，共完成投资266.1亿元，增长了5.1倍，同时带动长春市投资增长20.3个百分点。此外，科技产业的竞争带动能力不断加强，重点领域的投资也有所加强，如在长春新区开始建设的长春光电信息和智能制造产业园，其总投资为55亿元。民间投资的快速增长，成为拉动投资增长的重要动力，也成为带动长春市投资发展的主要力量。截至2016年10月，在固定资产投资中民间投资达到了3304亿元，增长19.1%，比长春市各项投资平均增幅高了7.8个百分点，占到全部投资的75.8%，同比提高5个百分点，民间投资也拉动整个投资增长了13.5个百分点[1]。

长春市在做大做强汽车、轨道客车和农产品加工三大支柱产业的同时，也重点发展了生物医药、电信息新材料等一系列战略性新兴产业。一大批拥有自主知识产权、市场应变能力强的创新型企业如雨后春笋般发展壮大，而这些企业大都来自民间投资。概括来说，长春市已基本走上政府扶持民营经济、民间资本助力振兴经济的优良发展模式。

（3）东部绿色转型发展区。在经济上，吉林省东部地区主要是延边地区，其中以延吉市为主要城市。

在2015年，延吉市以税源培育项目为重点，完成全社会固定资产投资252.03亿元，全市固定资产投资总量以较快速度增长，投资总量位于全省县市前列，继续保持着领先的优势。从增速上来看，延吉市在

---

[1] 张博. 吉林省民间投资增速再创新高[N]. 吉林日报, 2015-12-16.

固定资产投资增长速度上趋于减缓，2015年同比增长了14.7%，这一增速在全省投资额超250亿元的县市中排名第二。同时，2015年全市全年施工项目为246项，其中新开工项目203项，新开工项目占到了施工项目总数的82.5%，新开工项目的大量增加，为全年投资增长提供了坚实的基础。2015年，延吉市继续加强对工业的投资力度，工业投资得到了快速发展，工业投资正朝着集约化、内涵式发展进一步迈进。同时固定资产的投资结构得以继续优化，产业转型速度也变快。全年工业固定资产投资额为110.80亿元，占到了全社会固定资产投资的45.4%，工业项目投资拉动全社会固定资产投资增长了5.6个百分点，同比增长了12.3%。其中技改性投资为79.02亿元，同比增长了10.8%。其中敖东国药基地、烟草工业园、韩正人参、恒大人参和安发生物科技园等一批大型项目带动投资发展的成效显著。工业和服务业的投资也做到了协同发展，服务业投资比重持续扩大，位居各项产业第一。全年延吉市对服务业完成投资132.81亿元，同比增长了13.8%①。

延吉潜力巨大的民间投资，成为经济发展的重要动力，民间投资继续以较快速度增长。2015年，延吉市民间投资达到了163.66亿元，同比增加了18.4%；占到了延吉市全社会固定资产投资的67.1%。同时，民间投资也拉动全社会固定资产投资增长了11.7个百分点，对延吉市全社会固定资产投资的贡献率达到了94.0%，同比增加10.6个百分点。大量的投资带动了民营经济快速发展，全年延吉市民营经济的主营业务收入达到了990.70亿元，同比增长9.1%。房地产开发项目的投资依旧保持快速的增长，房地产投资的增长对稳定经济的发展也起到了重要作用。2015年，延吉市对房地产开发的投资达到了43.01亿元，比去年增长了32.2%，比同时期的全社会固定资产投资

---

① 杨晶. "十二五"促进民间投资，规模近千亿[N]. 延边日报，2013-04-12.

增速高了 17.5 个百分点,房地产投资对延吉全社会固定资产投资的支撑作用越来越明显①。

但是从图 1-2 横向比较就可以看出,各城市地区间的民间投资差距还是比较明显的。尤其是长春地区的民间投资额更是白城地区和延吉地区总和的数倍之多。民间投资额分布不均的现象严重,较发达城市占有绝大多数比重,所以协调吉林省各地区民间投资的发展十分重要。

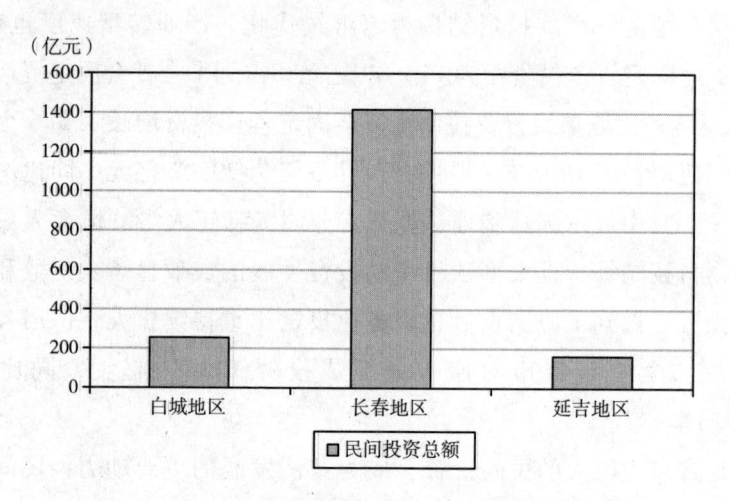

图 1-2 2015 年吉林省主要城市民间投资额比较

1.1.2.4 吉林省民间投资的产业倾向

在分析完往年投资的规模和增速后,另一个重要的因素就是民间投资涉及的产业和投资的方向了。

作为东北老工业基地,吉林省民间投资最初更多的是在农业和一些工业领域。这些都是传统的第一和第二产业,如汽车产业,以长春一汽最为典型,还有吉林化工等产业。农业方面,主要的就是种植业领域,以种植玉米等作物为主要类型。而对于吉林省民间投资者而言,

---

① 刘恒璇. 对延边民间投资状况的几点思考 [J]. 延边大学学报,2005,26 (6).

投资最重要的组成部分就是民营企业,由于本身规模和资本条件的限制,只凭借在以往的第一和第二产业上的投资已经适应不了当前发展的形势。所以作为民间投资者和吉林省政府,投资的方式和领域必须改革和转型。

近年来,政府更是加大了对民营企业的扶持力度,2016年,民营经济主营业务收入增长了7.2%,其中个体工商户数量增长了8.1%,私营企业户数增长10.1%。同时,吉林省也重点推进供给侧结构改革,降低企业成本480亿元。民间投资也加大了对外资的利用,引进域外资金、实际利用外资分别增长12%、10%[①]。这些措施都使吉林省民间资本迅速积累和提升。在改革拓宽投资产业领域方面,政府引导民间投资更多地投入到了新兴产业和民生领域,重点是轻工、纺织、食品、医药和教育领域。这一举措不仅促进了民间资本投资领域的扩大,同时也极大地改善了居民生活水平。利用民间资本加大对民生相关产业的投入,势必会成为未来数年民间资本的利用和投资发展趋势。

对于吉林省民间投资者投资潜能而言,在传统的第一产业和第二产业上的投资发展空间已经不大,但是在新兴产业和民生相关产业上未来的投资潜能依旧巨大。不断增长的民间资本规模也为吉林省民间投资者更大规模的投资提供了资本,所以从这一方面讲,吉林省民间投资者在投资金额和投资产业领域规模上的潜能巨大。

而作为传统的第一和第二产业,在当前吉林省社会经济发展的经济地位已经受到第三产业的冲击,第三产业在经济社会发展所扮演的角色也越来越重要。所以,吉林省民间资本大量流向和投入到其中也是必然的趋势。

首先在第二产业内部,工业经济转型成为近年以来吉林省重工业的发展趋势。简而言之,就是减少对传统重工业的发展投入,而转向

---

① 许春燕.吉林省民间投资的现状及政策选择[J].工业技术经济,2004(3).

其他污染较小，更直接有利于民生发展的相关产业。最为典型的就是装备制造业总量已经超过传统的石化工业，已经成为吉林省第三大产业。2016年全年全省对装备产业的投资同比增长20%左右，其中电子、医药产业投资的增长幅度也在9%以上，这三项产业的投资成为工业投资主要驱动力。在2016年，吉林省全年固定资产投资同比增长了10%，而民间投资增速达到了10%以上并且持续保持。同时消费需求也充分释放，全年社会消费品零售总额同比增长了9.8%，比上年提高了0.5个百分点。电子商务交易额增长30%，汽车产业增加值比重提高了0.3个百分点，战略性新兴产业的产值增长了7.7%，服务业的增加值所占GDP的比重提高了超过1个百分点。在食品产业，超过1300余户规模的企业几乎全部为民营企业，近年来民间投资不断扩大，在2015年已超过1000亿元，有力地推动了食品产业快速发展[①]。

由此可见，吉林省民间投资对吉林省的社会经济发展起到了相当大的作用，对民间资本的合理运用更是推动了吉林省经济发展方式的转型。所以吉林省民间投资在装备制造、食品、电子商务和医药产业上的投资潜能依旧巨大。

1.1.3 吉林省民间投资者的潜能分析

在对吉林省民间投资者潜能进行分析时，我们从影响投资者投资潜能的因素和投资主体两方面进行分析，具体从内部潜能、外部潜能、非政府性投资者和个体投资者四个维度展开。

1.1.3.1 投资主体内部潜能分析

作为民间投资者本身，其潜能的具体表现为可投资的额度以及投资

---

① 李竹青. 重大项目成民间投资大舞台 [N]. 经济参考报, 2017-03-24.

者自身的投资喜好。从近些年的数据可以大致推测出吉林省民间投资者的投资资金可继续发掘的额度还很大。这一点在近年来民间投资发展的增速上可以体现出来，到2016年，民间投资占社会总投资额的比重达到74%时，其增速依旧可以保持10%这一较快速度。可见吉林省民间投资者可继续开发利用的资本空间还可以有很大提升。

另外，吉林省民间投资者的投资方向越来越集中在第三产业方面，在传统的第一第二产业中，民间投资发展情况一般。所以在未来数年的发展中，第三产业方面的民间投资应该还会继续扩大，相比之下，第三产业对吉林省民间资本的利用会更为重要。

1.1.3.2 外部因素对投资者潜能促进分析

外部因素可以看作是政策对吉林省民间投资发展的影响和产业发展规模及方向对吉林省民间投资的影响。

在政府扶持民间投资的政策方面，首先就是政府对民间资本的产业审批政策进行放宽。具体表现为：在2016年，政府对参与社会投资的一般性产业项目审批时间从260天降为130天；全省新登记的企业增长了32.9%，日均新生成企业200多户；尤其在2016年上半年，吉林省民营经济和个体工商户的数量均增长8%以上[①]。

其次是放宽和大力扶持民间资本投入的产业。近年来，政府极大地利用民间资本来带动经济发展，民间资本除了在农业种植和汽车制造等传统领域中占有一定的比例外，当前在新兴产业中所占的投资比例也极高，如医药产业、教育业和旅游产业等，成为带动吉林省地区经济发展和产业转型的重要力量。总的来说，吉林省政府会进一步充分利用民间资本的力量，更大规模地扶持民间产业。所以在未来吉林

---

① 幺艳丽，冯志国.制约吉林省民间投资的主要因素及对策分析[J].吉林省教育学院学报，2016（2）.

省的经济发展和产业转型上民间资本仍会起到更加关键的作用，民间投资者在政府所大力倡导的产业方面中的投资潜能依旧巨大，值得进一步地开发利用。

在产业发展和规模方面，在传统的汽车制造、化工产业和农业种植这些产业中，民间资本虽然为这些产业完成经济转型起到了很大的作用，但是在这些传统产业上民间资本所占的比例并不是很高，而且这些产业的发展空间也变得更小。所以在这些产业上，民间投资者的投资潜能不会有太大的利用空间。但是在新型的服务类型行业当中，民间资本的力量可以说是起到了至关重要的作用，近年来，在投资规模和资本所占的比重上，民间资本持续地扩大。所以在新兴产业方面，民间投资者的投资潜能十分巨大，值得进一步地开发利用。

在吉林省各地区经济发展方面，长春作为全省的经济中心，其经济规模最为巨大，所以民间投资的规模在长春仍旧巨大。但在靠近边境的延边地区，民间投资应该会更大规模地融入各个产业当中，成为推动和扩大延边地区经济发展的重要力量。

1.1.3.3 吉林省非政府性企业投资者的投资潜能分析

（1）政府层面。随着国家供给侧改革的推进，吉林省2016年为自己定下了完成习近平总书记提出的"三去一降一补"的宏伟目标（三去即去产能、去库存、去杠杆，一降即降成本，一补则是补短板），并于2016末完美地完成了这一目标。其中降低企业成本这一任务非常成功，吉林省同期颁布了近60项相关优惠政策借以减轻企业负担，补齐民营企业经营中的短板。该政策一经实施效果非常好，吉林省的民营经济主营业务收入增长了8.3个百分点，个体工商户和私营企业户分别增长了8.7和11.3个百分点，带动了民营企业的发展，拉动了吉林省的民间投资。

据有关人士透露，2017年吉林省经济发展为自己定的预期目标是使地方级财政收入增长3个百分点，地区总产值增长7个百分点，民间投资额增长 8 个百分点，城乡居民人均可支配收入与省内经济同步增长等。新增 4 个国家新型城镇化试点、3 个省级示范特色城镇等①。预期会相继推出优惠政策大力推行吉林省的经济发展，其中就包含推进吉林省民间投资的发展进程，为未来吉林省的民间投资发展铺路。说明国家政府对吉林省民间投资的增长潜力十分看好。

（2）发展模式。吉林省正将项目和招商作为稳定吉林省经济、推进吉林省经济结构升级和转型的关键，民间投资正呈现出一片发展前景大好的形势，并且处于拉动经济运行稳中向好的态势中。吉林省正从县到市逐步贯彻多招商、早落实、快建设、多跟进的发展方针，许多县领导和市领导不是在宣传鼓励民间投资活动，帮助解决相关问题，就是在招商引资的道路上。例如，长春市农安经济开发区，一个装备制造产业园正在紧锣密鼓的建设中，该装备制造产业园占地近 10 万平方米，已然成为当地因招商成功而带动民间投资经济的典型案例。

从政府到民间，从上到下全面贯彻推进民间投资的思想，拉动吉林省民间投资的发展。步入 2017 年之后，关于推进民营企业发展的企业座谈会已经召开了 10 场，吉林省近 500 多家民营企业参会并发表意见。通过此类大会梳理出了许多限制吉林省民营企业发展的因素，结合当前的国家政策提出了许多可行的方案，并计划逐步进行落实，立志创造一个公平的经济环境，构建一个"清""亲"的政商关系。因为越来越多的投资者和政府机关部门领导人意识到，没有民间投资就没有吉林省经济的明天。所以民营企业将会连同政府大力治理相关行政不作为、瞎作为、作为慢的问题，并针对此问题出台相关管理办法，重点整治，力求为民营企业营造一个公平和谐的发展环境。除此之外，民营企业同政府在提升平台服务于民营企业方面达成了共识，即在服务方面做加法，在管理控制方面做减法，不断深化"放管服"改革，推行政府服务"一门

---

① 潘福林. 吉林省民间投资的现状及政策选择 [J]. 工业技术经济, 2010 (1).

式、一张网"综合改革。审批的等待时限在原来已经缩短一半的情况下再压缩20%。省政府部门投资审批时间降低32%，组建全省投资项目在线审批监管平台，旨在与国家的平台进行对接①。立在提升民营企业的满意度。

在培育新的民间投资经济增长点方面。以吉林省经济占比40%的汽车产业为例，吉林省在推进一汽的发展中搜求吉林省经济的全新增长点。全省正构建一种以民营企业为主体的汽车零部件生产配套体系，创造出一个全新的近千家企业的新产业。除了汽车行业之外，振兴发展的橄榄枝还伸到了服务业、旅游业和新能源等前景大好的行业，努力将其发展为推动吉林省民间投资发展的新机遇、新节点与新动力。

据可靠数据显示，吉林省投入到技术改革的资金已达1679亿元，占工业投资的54.7%；建成规模为19亿元的中小企业和民营企业发展基金，吸引并领导民间投资770亿元。并制定了《中国制造2025吉林实施纲要》，旨在众多民营企业能够在重要的技术科研上取得重大发现与发展。

1.1.3.4 吉林省居民个体投资者的投资潜能分析

分析吉林省居民个体投资者的投资潜能，就要调查吉林省居民个体投资者的投资偏好。本书采用了问卷调查的方式，首先定位坐标吉林省长春市人口密集的繁华路段，其次再定位被调查人群，选择了年龄为25岁以上的居民。原因是一般到25岁之后，我们才能有自己储备的资金，才会开始思考自己财富的规划并且具有独立的行为能力。2017年3月5日至8日，每日13：00~15：00，调查人员用了3天的时间，在吉林省长春市重庆路万达附近向确定人群发放调查问卷，与他们交流对吉林省居民投资的看法，最后汇总所有的调查问卷，总结

---

① 王凌霞. 吉林省：服务做加法 管理做减法 [N]. 国际商报, 2016-10-10.

出所获取的信息。

通过问卷调查的方式得到了如下信息：被调查者全都进行着银行存款储蓄这项稳定投资，但对这项投资的满意度极低，并不能满足他们对个人理财的需要。其中，80%的被调查者都同时进行着除银行存款储蓄之外的多项投资活动，以寻求更高的投资回报。例如，同时购买了少额的股票和基金或者同时投资固定资产和购买商业保险等。调查显示，未来居民看好的投资行业排名首位的商业保险，得票率高达31.2%；其后的是投资固定资产，得票率为24.4%；最后是股票投资，得票21.2%。另外，还有一大部分希望市场能出现新型的民间投资项目，占比20%。大多数居民对新型投资方式的期待有如下几点：一是投资风险相对较小；二是投资收益较大；三是投资资金灵活性较强。调查结果还显示，有高达95%的被调查者表示，如果有合适的投资项目他们愿意拿出自己的储蓄参与到民间投资中来。

此次问卷调查反映出吉林省居民个体投资者的巨大投资潜力。现在的吉林省居民投资情况是，居民有大量闲置的资金、正在找寻合适的投资渠道。这说明未来吉林省居民个体投资形势很好，居民个体投资市场不仅没有进入饱和状态，而且恰恰相反，只要在政府和社会积极的配合下，吉林省民间投资很可能因居民个体投资者的投资活动迎来下一个增长点。

通过前文分析我们可以看到，吉林省民间投资者的投资能力在近年展现出了非凡的实力，且这种势头并没有减弱的迹象，说明可预见的未来吉林省民间投资者的投资潜能是很大的。前有良好的基础，后有政府及社会相关政策的大力支持，为非政府性企业投资的发展保驾护航，这都是吉林省民间投资者未来投资能力的重要保障。随着社会经济的发展、吉林省居民生活水平的提高，以及民间投资认可度的提高，越来越多的居民开始接触民间投资，并愿意投身到民间资本市场。这表明吉林省居民个体投资者的投资空间及潜能都是很大的。

1.1.4 制约吉林省民间投资者投资能力发展的因素

1.1.4.1 外部因素

(1) 投资环境不利。我国的财政政策更加重视对城市交通和能源治理等方面的投入，疏于了对民间投资的扶持。另外，国内有许多的垄断行业坐拥社会财富大蛋糕很大的部分，却是国有资本投资的天下，从而使民间投资无力从中分出一杯羹，导致民间投资很难有大的发展。相对于其他各省，吉林省还不具备完善的民间投资市场准入系统，对民间投资的审批程序烦琐而复杂，并且审批条件非常苛刻。这是一种对民间投资的歧视行为。这种现象的产生主要与吉林省往年闭塞的经济条件有关，并且居民个体投资者的观念还没有跟上社会性质的转变，由此便制约了吉林省民间投资的发展。这便是影响吉林省民间投资的市场准入限制因素。

(2) 投资渠道狭窄。相对于居民个体投资而言，居民投资渠道狭窄并且门径缺乏，县以下乡镇几乎买不到国债，投资不成股票，更接触不到金融衍生物、期货等交易品种。于是，他们离开了正规金融领域，走向民间投资的"野路子"。但调查发现，目前金融机构能够提供的服务还相对匮乏，不能满足居民个体投资者的需要。这就造成了居民有钱没处投的现象。据资料显示，吉林省民间空闲的资金存量逐年攀升，居高不下。这说明吉林省居民手中的资金是非常充裕的，但却没有投入到资本市场，个中原因值得思考。

相对非政府性企业投资而言，投资渠道狭窄意味着民间投资者缺少好的投资项目，难以进入民间投资的市场。所以投资渠道狭窄成了抑制吉林省民间投资者投资能力发展的一大因素。

(3) 盈利低且风险高。在中国经济的新常态下，经济市场正面临着前所未有的重大压力，导致投资的风险逐渐加大，并且投资回报率也大不如从前，呈现逐步下降的态势。这一现象导致很多民间投资者，不管是非政府性企业还是居民个体投资者都不敢也不愿意再进行民间投资。

1.1.4.2 内部因素

（1）资金来源不足。据资料显示，80%的吉林省民间投资者的资金来源于自身资金的筹集，这种类型的资金结构严重限制了后续民间投资的扩张与发展。2010年，吉林省的全省储蓄量近2000亿元，但民间投资者向银行申请的贷款通过率极低，并且控制得非常严格。这就是吉林省民营企业规模小、资产少，难以扩张发展的主要原因。另外，由于种种原因吉林省的许多担保机构无法发挥其自身的作用，并且吉林省民间投资者的背景基本都很简单，不具备相关机构或人员为其对银行的贷款进行担保，所以民间投资者很难拿到贷款。这就使得现有的民间投资者如中小型的民营企业很难得到来自社会的融资。筹资难、融资难是限制吉林省民间投资发展的主要问题。

（2）民间投资者自身能力不足。吉林省现有的非政府性企业投资，还处于不太稳定的阶段，管理上也还没有完善。曾经在民营企业兴起的时候，无数民间投资者一拥而上，疯狂地想抢占这块可口的"蛋糕"，大部分企业都没有做好充分的准备，也没又对未来进行过合理的规划。其中，有许多民营企业为了赚取更多的利益而不择手段，迷失了发现方向，直至走向落败。目前国内民间投资的经济形势变幻莫测，想要在激烈的竞争中生存下来就变得非常困难，民营企业的融资方式也变得更加单一，更难融入资本市场，甚至部分民营企业正面临着破产的风险。可见，非政府性企业投资者自身内部能力的不足是导致吉林省民间投资水平下降的主要原因。对于居民个体投资者而言，吉林省经济常年处于落后的状态，居民生活水平还没全面达到小康，在居民没有足够资金的时候，想的只会是衣食住行等满足基本生存需要的事项，并没有多余的金钱和精力进行民间投资。这也是限制吉林省民间投资者投资能力的一大因素。

1.2 "麦克米伦缺口"的现状研究

如果把我国比作一个建筑物，大型国企是我们社会主义国家的基石，基石不稳定，建设就会倾斜；中小企业则是这座建筑物上的砖瓦，没有中小企业，建设难成，更不可能遮风挡雨。从这个角度来看，中小企业在社会主义市场经济体系中扮演着不可或缺的角色。中小企业的兴旺牵动着市场经济的兴旺，市场经济的兴盛带动着国家的强盛。因此，中小企业是落实"大众创业、万众创新"重要国策的有生力量，更是关乎国家社会稳定和经济持续健康发展的经济主力军。

从地理位置上看，吉林省地处东三省的枢纽地带，省内散布着多家政府扶持的单位，在东北老工业基地的崛起中发挥着独一无二的推动效应。但是，由于吉林省中小企业发展缓慢，形成具有一定实力的中小企业数量并不可观。解决中小企业资金短缺，对于帮助中小企业持续扩大经营，实现稳健增长具有重要的意义。

吉林省在"十三五发展规划"中明确了大力发展中小企业的总体目标，营造全社会的创业创新氛围，激发企业的发展活力，加快创业孵化基地的建设，重点打造长春光学系统 T2T 等一批创新创业平台，着重扩大业务范围；以完善公共服务体系建设为主，建立健全针对中小企业公共服务的电子商务平台，鼓励并支持其做大做优，逐渐提高企业经济总量、扩宽企业的业务范围，以实现其整体式跨越。

1.2.1 吉林省中小企业现状

自改革开放以来，近几年尤甚，东北的中小企业发展势头强劲，其中以吉林省为代表，中小企业的总体发展有了较大改善，极大地推动了东北老工业基地的振兴和东三省整体GDP水平的提高。

吉林省中小企业发展呈现出平稳上升的局势，中小企业的发展方兴未艾，形成个性化产业链条，其主导地位日益鲜明。一是专业化配套加工产业有了新发展，整车及零部件加工企业发展迅猛。汽车零部件产业已成为吉林省中小企业成长的重要源泉。二是以皓月集团、雨润集团为首的农副产品资源加工产业飞速壮大，在玉米深加工、肉类深加工、野猪养殖加工、农产品加工等方面起着主导作用。三是现代中药产业和生物制药产业发展势头强劲。2015年，通化民营医药企业年产值增长了29.4%。四是电子信息等高新技术产业发展迅速。以长春鸿达、吉林永大为代表的一大批科技导向型的民营企业成为中小企业发展的新生力量。五是现代服务业加快发展脚步，一批以连锁经营、物流配送、中介服务、信息服务为标志的现代服务企业不断涌现并快速增长。

除此之外，吉林省出口创汇开辟了新篇章，外向型经济发展较快，出口创汇型企业数量不断扩大，出口种类和数目增多，出口的国家和地区范围也逐步扩张，这是经济发展由内向型转为开放型的一个巨大转折。例如，吉林省通化市生产的"天仙营养液"就已成功销往亚洲、美洲等多个城市和地区。

大量事实证明，区域经济的发展很大一部分受到区域内中小企业发展的影响。如果该地区的中小企业呈现出良好的发展势头，那么该地区的经济将迅速发展；如果该地区经济发展缓慢，那么该地区中小企业也不会快速发展。因此，保障吉林省推陈出新的活力和成长潜力的重中之重是保证中小企业的良性发展。而保障其良性发展的前提是要发挥政府"看得见的手"的调节和推动作用。

吉林省中小企业在其成长过程中存在的主要问题有：第一，技术人才稀缺，职工素质不高。与大型企业相比，吉林省中小企业普遍存在该问题。第二，产品技术不过硬，缺少核心竞争力。吉林省中小企业设备利用率差，技术不成熟，投资和规模双低。第三，企业管理者决策水平低。在某些中小企业中，相当一部分经管人员并没有接受专业的现代企业管理培训与指导，厂长一人独大进行决策，因此决策往往不符合现行企业管理思维。第四，现代管理手段应用不充分。大多数中小企业没有构建科学合规的质量管理体系、成本管理体系和成本保障体系，对先进的管理方式缺乏了解。

1.2.2 吉林省中小企业融资渠道

吉林省的中小企业起点低，与东南地区发展较快的省份纵向相比，资本集聚效率低，资金的利用率不高，融资渠道相对不多，是阻碍吉林省经济兴起的瓶颈。吉林省中小企业的资金来源的主体是自有资金与外资，向金融机构贷款、民间借贷、债券融资、商业信用等融资方式发展缓慢（见表1-1）。

表1-1　　　　　　吉林省中小企业融资渠道

资金性质	融资渠道		资金来源
自有资金	资本金		内源融资
	折旧		
	留存收益		
借入资金	发行股票	直接融资	外源融资
	发行债券		
	其他企业资金		
	民间借贷		
	外资		
	银行贷款	间接融资	
	非银行金融机构		
	商业信用		

1.2.3 吉林省中小企业融资中存在的问题

1.2.3.1 政策环境不公平

中国的财政政策和货币政策有些还带有计划经济体制色彩，是按照企业规模及所有制属性制定并实施的，吉林省中小企业受其影响要面对有失公允的竞争环境，这对于中小企业的成长毫无助益。除了个别金融机构在放贷时针对不同的公司规模可能会实行不同的贷款条件之外，一些个体工商户、私营企业甚至达不到金融机构贷款的准入门槛，因为中小企业贷款条件较大企业要更为严格，其进入融资市场是很困难的。

1.2.3.2 中小型企业经营短期化，内源融资渠道受阻碍

内源融资即企业的内部通融的资金，是中小型企业融资的一种非常重要方式，主要是指是企业将自己经营活动过程中产生的资金，转化为对自身的融资，用以弥补企业在生产经营活动中产生的资金缺口的过程。由于内源性融资主要由折旧和留存收益组成，因此，企业的资产状况、利润水平等共同决定了企业的内源性融资的能力。我国大部分中小型企业生产经营规模相对较小，人员流动速度较快。这就导致大部分的中小型企业无法向自己的员工提供较高的薪酬和丰厚的福利。并且，中小企业往往没有像大企业那样完整的管理体系，对个人能力的依赖性更大。此外，大部分中小型企业往往不注重对企业文化的建设，使员工对企业的认同度不高，对自己的工作没有责任心，几乎对企业没有感情。而且，中小型企业较之大型企业，往往缺乏稳定性。人才在中小型企业既没有很明朗的发展前景，又面临着企业可能随时倒闭的危险。这就使中小型企业难以吸引并留住人才，最后导致企业内部运营营状况逐渐向恶性发展。缺少高素质的决策层人员，就不会形成一种良好的决策机制，并且缺少科学的可行性分析，只是单单依据其经验甚至是一时冲动

进行决策；缺少高素质的技术人员，就会导致产品结构不合理、质量参差不齐、产品科学技术含量低，并且不注重对新市场的开拓；缺少高素质的财务管理人才，就无法建立起合理的财务和管理体系，缺乏严密的资金使用计划，从而导致资金利用率低，经营状况日益恶化。这就使得内源融资更加艰难。

《2016年吉林省金融机构贷款投向统计报告》显示，内源融资是吉林省中小企业长时间过度倚重的方式。2016年吉林省金融机构（含外资）贷款总额为5283000亿元，其中中小企业的贷款额为2278000亿元，仅占总贷款额43.12%。预算内资金、贷款、利用外资和其他资金所占份额都不大。

由分析可以得出，吉林省固定资产投资的绝大部分投向了大型国有企业，只有小部分投向了中小型企业，因此一般的中小企业只能依靠内源融资来获取资金。一份2015年度有关吉林省中小企业各个融资阶段的政府文件表明，85%的中小企业依靠以企业所有者、企业合伙人以及家庭投入为主的内源融资来进行生产经营活动，其认为外部融资路径的缺乏是阻碍企业自身发展的重要原因，目前状态下只能依赖内源融资方式。

1.2.3.3 国内社会信用环境差，信贷融资渠道更加不畅

现如今，全社会普遍的信用危机对中小型企业融资来说更是难上加难，特别是近年来社会信用体系和信用观念发生了严重扭曲，欠债、逃债、赖债现象比比皆是，有些中小型企业公然欠债不还，令许多银行有口难言。在这种信用大环境下，银行不得不把防范风险放在第一位。加之近年的许多不良贷款处置案例具有极其恶劣的负面影响，这就使金融机构更加不愿意对中小型企业进行融资。与此同时，我国现阶段大部分中小型企业财力、物力资源有限，资产较少，缺乏人才，企业员工整体素质较低；产权结构不合理、内部控制不到位、经营不合规范、市场竞

争力较弱；财务管理制度不健全，普遍存在着企业会计报表、会计信息披露失真的现象。同时，中小型企业自身也存在着大量的问题，从而使中小型企业倒闭率高、存活时间短。因此，信贷资金自然不会流向问题多、风险高、收益小的中小型企业。目前，我国还没有出台一部完整、有效的法律法规对中小型企业信用加以规范，且政府部门还存着执法不严等现象，致使中小型企业对信用几乎漠视。这就导致金融机构对中小型企业存在偏见，不愿对中小型企业进行融资。

近几年来，随着吉林省经济发展呈现出稳健的势态，资金需求量大幅度增加，尤其是大型企业。但是，在有限的资金范围内要优先确保大型企业的良好运行，所以中小企业得到的贷款注入相对较少。2014年度吉林省人民银行贷款专题调研结果表明，吉林省中小企业的银行贷款满足率为86.6%，与国内水平相当，但贷款覆盖率仅为20.1%，离发达国家的贷款覆盖率还相去甚远，明显体现出银行惜贷现象。总体而言，银行对于吉林省内中小企业融资问题的解决上表现得较为审慎。主要因为中小企业资金不足，信用水平较低，固定资产作为抵押贷款不足，也难以找到大企业来担保。一些中小企业由于不能很好地适应经济在买卖双方市场的转移，导致经营风险加大。金融机构以自身经营为中心将优先考虑先为大型企业提供贷款，以扩大经济利益，规避经营风险。

1.2.3.4 政府实施稳健的货币政策，融资成本大幅上升

使用收紧银行体系的流动性这一方式来控制市场中货币资金的流动性，从而降低货币在通货膨胀中的不良作用，已经成为我国在稳健货币政策下采取的一个有效方法。贷款指数的降低迫使各大金融机构大量减少对外贷款。由于可以外贷的资金变得越来越少，所以各大金融机构一定要在借出最少的资金的前提下，获取最大的利润。与此同时，银行会利用担保、信托等公司，分散风险，并通过他们增加收费项目。然而，这些费用最终都会转移到想取得融资的中小型企业的身上。中小型企业

的融资成本，主要包括名义利息费用、担保费用、保证金的机会成本以及其他相关费用。近年来，中央银行连续上调存款准备金率并加息，这就使中小型企业获取银行贷款的条件变得更为严苛，且融资成本也会大大提高。由于中小型企业倒闭的概率相对较高，贷款的风险比较大，按照商业上高风险、高收益原则，中小型企业要想取得贷款，就必须向金融机构支付比大企业更高的利率，才能获得融资。由于中小型企业固有的高风险的特征，即使能够从银行取得贷款，其名义利息费率通常也要在同期基准利率上浮30%左右，加上银行收取的顾问费、手续费，短期流动资金贷款的综合费用率可能就高达10%~12%；如果还是担保公司担保贷款，那么还得另外加上2%~4%的担保费率；如果银行或担保公司还要求企业存放一定比例的保证金，那么加上保证金的机会成本，资金成本则会在18%以上。

1.2.3.5 民间信贷监管缺失，非正规融资引发危机

民间信贷是指公民、法人和其他组织之间无须经过金融机构而进行的借贷，是"麦克米伦缺口"的长期存在与我国银行垄断下的必然产物。随着经济市场的大活跃，中小型企业对资金的需求量越来越大，使民间的信贷活动更加活跃。这在一定程度上解决了中小型企业生产经营活动所需的一部分资金，弥补了正规金融机构信贷的缺口，推动了社会资金的流动循环，推动了地方经济的快速发展。但由于相关法律法规和制度的不完善，民间借贷也带来了许多问题。

第一，民间信贷属于灰色地带，迄今仍没有专门的法律法规来对其进行规范和约束，因此往往脱离政府与法律的监管。民间信贷的资金也算是一种资源，可是这种资源仅存在于民间，这就从客观上减少了金融机构的资金储备。与此同时，许多小额贷款公司还会在从银行获得贷款后，再将贷款转贷给中小型企业，使银行信贷资金转变为民间信贷的资金，增加了金融市场的风险。一旦出现问题，民间信贷产生的问题就会

蔓延至整个金融体系，使得中小型企业资金缺口变得更加大，融资困难更加严重。

第二，中小型企业对民间信贷的需求不断提高，导致民间贷款利率不断上升。大部分小型企业由于资产规模小、知名度比较低，不具备从银行获取贷款的资格，走投无路之下只能选择民间信贷。我国经济近十几年的繁荣导致社会对资金的需求旺盛，有需求就有市场，这就推动了民间借贷利率持续上涨，从而进一步提高了中小型企业的融资成本，使其经济利润下降。

第三，民间信贷往往手续不健全、融资抵押担保不足，经济纠纷屡见不鲜，这必然会增加借贷双方的风险。在借贷双方都缺乏法律知识的情况下，就会发生许多不规范、不合法的信贷关系，直接造成了经济纠纷的发生。一方面，使企业资金链断裂；另一方面，还要支付昂贵的赔偿、诉讼费用。中小型企业本身就缺乏资金，这样一来，更使其生产经营难以为继。

1.2.4 样本选择和问卷调查

1.2.4.1 样本企业概况

本次被调查的企业经营业务涉及医药、机械制造、建筑、住宿餐饮、房地产、旅游、居民服务、电力燃气及商贸、汽车、煤矿等十大类行业（见表1-2）。为提高研究的真实性，调研地域范围涉及长春市、通化市、白山市、白城市、延边州等吉林省五个市州。

表1-2　　　　　　　　样本企业调查

企业经营业务	企业数（家）	所占比例（%）
医药	5	10.4
机械制造	3	6.25

续表

企业经营业务	企业数（家）	所占比例（%）
建筑	4	8.3
住宿	9	18.75
房地产	1	2.08
旅游	3	6.25
居民服务	6	12.5
电力燃气	2	4.2
商贸	7	14.6
汽车	2	4.2
煤矿	6	12.5

1.2.4.2 问卷调查及回收情况

本次信息采集运用实地调查、电话采访、纸质问卷、电子问卷等方式，对吉林省中小企业的调查共发出问卷73份，收回48份。问卷内容涉及：企业基本情况，包含企业登记类型、行业规模、企业规模等；企业融资情况，包含创办时企业筹资途径、企业自有资金所占比例、企业的资本结构中资产负债比率、企业融资投向、企业融资渠道、企业融资偏好以及企业对融资环境看法及建议。

1.2.4.3 调查结果

被调查的样本企业主要有如下融资途径：向亲戚和朋友借款、向金融机构借款、以商业信用为桥梁进行融资、向民间金融机构借款、发行股票或债券等。

由此可以看出：一半以上的样本企业运用两种以上融资途径进行融资（见表1-3）。许多企业会选择向亲戚、朋友借款和向金融机构贷款的融资组合。而采用民间借贷方式的企业仅占其总数的4.17%，主要原因是95.83%的企业认为其难以负担民间贷款的高利率。一半以上的企业选择了向银行、信用社等金融机构借款的方式筹集资金,向银行、信用社等金融机构借款成为吉林省中小企业的主体融资方式(见表1-4)。这些中小企业偏好银行等金融机构,主要是因为其认为银行贷款利率水平低,在企业允许承受的范围之内。

表1-3　　　　　　　　　企业创办时筹资途径

资金来源	自筹资金	民间借贷	银行贷款	信用社贷款	内部集资	其他
企业数(家)	22	3	14	3	5	1
比重(%)	45.83	6.25	29.16	6.25	10.42	2.08

表1-4　　　　　　　　　企业主要融资偏好

资金来源	自有资金	民间借贷	银行贷款	信用社贷款	内部集资	其他
企业数(家)	9	2	19	11	5	2
比重(%)	18.75	4.17	39.58	22.92	10.42	4.17

1.2.5 吉林省中小企业融资需求偏好影响因素

1.2.5.1 吉林省中小企业融资偏好的内部影响因素

盈利性是企业经营的根本原则,追求利润最大化是所有融资决策的出发点。选择吉林省各行业中小企业作为样本,将影响企业融资偏好的内部因素分为盈利能力、企业成长性、企业前景、企业发展规模等几个方面。一个企业的盈利能力的强弱程度与企业内部盈余的积累呈正相关。如果该内部盈余可以使企业充分地进行接下来的运转和经营活动,企业将以内部融资活动为主。但若是企业的获利水平低,产生的内部盈余不能满足其正常运转的要求,企业就势必要将重心放在外部融资上——贷款。企业的成长性会影响到其融资决策。企业成长性着重体现为固定资产的添加、营业收入的增长。一个中小企业成长速度加快,会使得企业管理者和股东选取净现值较高的项目来进行投资,以降低二者之间的代理成本，使企业的利益达到最大值。在企业飞速发展的后期，企业经理会更加偏好以提高在职消费的方式提高代理成本，因此必须要对经理的决策活动进行监督，此时就要依靠债务融资的方式来到达目的。而对于成长性较低的中小企业，内部利益留存就可以满足企业对于内部资金的需要，此时不必进行外部融资。企业前景对于吉林省中小企业融资决策的判断有一定的指导意义。市盈率的高低与企业潜能有着千丝万缕的联系，市盈率越高则说明企业前景越好、潜能越大，这是吸引外资的一大重要前提。因此通常情况下市盈率高的吉林省中小企业更偏好股权融资。企业的规模是左右管理层制订融资计划的决定性要素，相对于大企业而言，小规模企业从金融机构取得贷款较为不易。原因是一般的大型企业信息披露制度完整，所以企业的外部投资者可以免受信息不对称问题的影响，以通过更多途径获得该大型企业内部的有关信息。此外，大企业可以通过降低交易成本取得债务性融资，加大企业债务融资比重。不过，因为吉林省中小企业产品种类单一、营业范围狭窄，信息披露也十分局限，外部投资者只能获取到有限的企业内部信息，因此吉林省中小企业无法选择外部融资，会更加偏好于选择内部融资。

1.2.5.2 吉林省中小企业融资偏好的外部影响因素

（1）经济体制。经济体制对于企业选择融资渠道具有较大作用。若一个吉林省中小企业以外部融资作为企业融资的方式，其会受当前社会经济体制的影响，并且随之改变。因而企业的生产经营和内部架构也会作出相应的调整以与其相适应。在社会主义市场经济体制下，吉林省中小企业的融资方式走向多元化，呈现多种方式并存的势态，银行贷款方式占据着企业融资需求的中心地位。

（2）通货膨胀。通货膨胀也是制约吉林省中小企业融资方式和活动的因素之一。若大市场下发生了通货膨胀，吉林省中小企业的内部资金不仅将失去购买能力，企业的借款利率还会因此升高，其融资的成本大幅上涨，股票发行价格也会随之跌落。如果企业选择于这段时期进行融资活动，可以说是困难重重，对企业自身不利。换个角度来说，通货膨胀使得经济体系供求关系的稳定性变差，这会加剧企业的融资风险和经营风险。简而言之，CPI指数在通货膨胀时期会有较大的起伏，间接地加大了吉林省中小企业的盈利风险，很容易将企业置于破产的"悬崖"边。所以，为了规避风险，一般企业会选择更稳健的融资方式。

（3）资本市场的发育程度。吉林省中小企业融资渠道还受资本市场发育程度的制约。在吉林省某些欠发达的市场环境下，关键要素和工具的缺失会阻碍这些中小企业的融资活动，使其融资活动无法顺利进行。相比之下，在吉林省某些发达的市场环境下，企业可供参考的融资结构会更加优化，融资制度也更加健全，致使其融资活动变得更加多样化、合理化。

（4）政府经济方针。吉林省政府的经济方针政策起着不可忽视的引导作用。例如，政府出台的经济增长政策、产业政策、货币政策、财政政策和金融政策等。企业在融资过程中所承担的交易费用和风险是在企业选择融资方式过程中的重要角色。吉林省政府对吉林省中小企业进行政策激励，企业受到政府支持后，约束其融资的条件会变少，获得的资金规模会扩大，有助于满足吉林省中小企业的融资需要。因此吉林省政府的经济方针在吉林省中小企业融资方式的选择方面有着一定的带动作用。

（5）行业因素。通常情况下，市场竞争性强的吉林省中小企业一般会充分考虑融资可能面临的风险，他们偏好平稳的融资渠道，如采用股权融资来降低其资产负债率，以在竞争激烈的市场中立足。反之，市场竞争性较弱的吉林省中小企业由于运营风险较小，其资产负债率偏大，因此更偏好债务融资。

如果某一吉林省中小企业已经处在成长期，其将具有很强的盈利能力和市场价值，可以增强企业的抗风险能力，企业就会因为追求其所带来的利益而偏好债务融资；如果该吉林省中小企业已经处在成熟期或衰退期，其将面临来自市场的种种压力和承担更多的运营风险，因此会更加偏好股权融资。

1.2.6 吉林省中小企业融资需求偏好具体分析

中国是社会主义国家，其经济制度是具有中国特色社会主义的市场经济体制，但是中国的企业融资方式与欧美等发达国家趋同，主要也是分为内源融资和外源融资。如果一个国家的市场化程度高，这个国家企业的融资选择会向外源性融资倾斜。对于中小企业而言，由于其成长一般要经历四个阶段：萌芽、发展、成熟和衰落，在企业生命周期的每个阶段，中小企业面临的融资需要也不尽相同，所以其融资渠道和融资层次也不同。通常情况下，中小企业从萌芽期到成熟期对融资类型的选择依次为：自有资金、借贷融资、债券融资和股票融资。

1.2.6.1 从内源融资与外源融资方面分析

中小企业在创建初期，内源融资是创业之初的首选模式，只有当其发展到成长期，自有资本无法满足需要时，才开始采用外源性融资方式。在吉林省中小企业发展的各个阶段中，内源融资占其融资总额的份额呈下降的势态，但在其发展历程中，仍然倾向于采取内源融资的渠道，这是因为内源性融资具有融资成本低的益处。通过分析可知，在吉林省中小企业融资方式中，一半以上的企业以继承和劳动融资等形式选择了内源性融资，其中劳动融资占绝对地位。把问卷中受抽查企业按规模分类（见表1-5），可见，内源性融资在中小企业成长的各个时段都承担着举足轻重的责任：在初创期、成长期和成熟期，内源性融资占企业资金来源的比例分别为68%、55%和38%；随着企业规模的扩大，其内源融资的比重在不断降低，但仍占据较大比重。

表1-5　　　　　　　吉林省中小企业融资资金来源表

融资方式	资产总额500万元以下	资产总额500万~1000万元	资产总额1000万元以上
内源性融资（%）	68	55	38
外源性融资（%）	32	46	62

在被调查样本企业的外源融资方式中，银行贷款通常被作为首选。银行贷款以银行为媒介为企业融资，一旦获批，企业就可以迅速获得资金。银行贷款融资成本低，且对企业的控制力没有影响。因此，银行贷款融资被广大中小企业视为首选的融资渠道。但是获得银行贷款的吉林省中小企业的数量却不多，在受调查企业中，只有近四成的企业获得了银行贷款，这说明银行贷款融资远远无法满足吉林省中小企业融资的需要。吉林省中小企业获得银行贷款的难度非常大，究其原因有以下几点：第一，吉林省中小企业规模小，注册资本与我国其他沿海等经济发达的省份相比较低，因此，多数吉林省中小企业在向银行申请贷款时，无法拿出达到银行要求的抵押品，也就没办法获得银行贷款。第二，吉林省中小企业产业结构分布不恰当，其大多为劳动密集型企业。由于企业发展前景不可观，因此很难吸引商业银行。第三，吉林省中小企业财务制度不健全，银企之间存在信息交流不协调的情况。故各大金融机构为了规避风险，会自觉降低对中小企业放贷的意愿。第四，东北三省中吉林省担保行业实力最弱，还无法全面贴合吉林省中小企业的融资需要。第五，吉林省中小企业体系不健全，欠缺针对中小企业的融资创新能力。

1.2.6.2 从股权融资与债权融资方面分析

吉林省中小企业在外源融资方式的选择上一般会优先考虑股权融资。中小企业偏好股权融资是其核心融资特点。吉林省中小企业内部管理层在融资决策的过程中，常常以扩大市场，追逐更多商业利润为目的来进行决策。在其融资需求偏好中，管理者个人因素占据相当一部分比例，大体上包括文化程度、风险厌恶度以及避税意识等。特立独行的经营决策毋庸置疑会增加风险程度，这与管理者的个人因素密不可分。这种个人因素往往是非理性的，所以这时中小企业的经营风险和抵御风险的能力远不及大型企业。仅就吉林省中小企业本身来说，不考虑企业所有者角色和企业经营者角色分离代理成本，代理成本成为代理问题的主要体现，前者是在债务融资状态下孕育出来的。企业的高利润不被债权人所分享，在这种情况下很有可能与对应的外部投资者之间产生矛盾与冲突，原因在于吉林省中小企业外部的债务融资成本要远远高于企业投入成本，最终取得概率相比之下较小，吉林省中小企业的股权融资偏好被体现得淋漓尽致。吉林省中小企业应该按照本企业自身的成长特点和运作情况来制定融资策略，采取债务融资的形式支持风险较低的业务。由于高成长性的吉林省中小企业投资机会也很多，所以拥有高成长特质的吉林省中小企业通常倾向于用股权融资的方式来应对根本性资金投资不充足的问题。再加上在吉林省中小企业自身的力量不够强大，加之中国资本市场的准入条件较高，吉林省中小企业很难公开发行债券和股份，因此很难参与债务融资市场。

此外，大多数吉林省中小企业存在着信息交流不协调的情况。企业管理者与投资决策者间的信息不透明，若以债权融资的途径对企业进行投资，势必会造成无法确定的投资收益和投资回报，进而加剧了风险程度，不利于企业的良性发展。而在股权资本方面，风险与收益近乎相等。在企业运营状况保持稳定，利润可观时，股权资本的价格也会随之升高，股东将取得更多分红。

与债权融资方式相比，股权融资可以有效降低投资风险。虽然吉林省中小企业自身发展能力有一定的缺陷且受困于当前经济体系，但是纵然股权融资成本有高于债权融资成本的可能，股权融资方式依然是吉林省中小企业偏好的一种融资方式。

1.2.6.3　企业行业类型与企业融资方式的相关性分析

调查结果显示，所属行业不同的吉林省中小企业在选取融资方式时的区别很小，大体聚集在自有资金、金融机构贷款和企业内部筹资三种方式。其中，制药企业的融资方式较多，有4种融资方式。其他像汽车业、房地产业等融资方式较少。煤矿企业融资方式最少，主要融资方式是自有资金。本书将所调查的样本企业分为三大类，分别为生产型中小企业、科技型中小企业、服务型中小企业。

（1）生产型中小企业。生产型中小企业由于资本金严重不足，导致其资产负债率很高。绝大多数处于依靠创新成长阶段，未能形成科学的、制度化的管理体系。在人才管理上，生产型企业普遍存在人员技术水平偏低的情况，在财务上存在缺乏严密的资金使用计划，资本周转率效率低，缺乏健全的财务管理体系及制度，随意性较强，企业歇业率和破产率双高，而且信用和担保体系不健全，难以获取银行等金融机构贷款的支持，也难以进入资本市场参与证券活动。企业在孕育和形成阶段，通常是通过内源性融资资金。这个阶段，最常见的融资是融资租赁的方式，通过使用租赁对象和所有权分离的形式，满足人们使用的需求，承租人暂时拥有租赁对象，并按期支付出租人一定租金，租赁对象的所有权并没有改变。当企业进入成长期，企业规模逐渐扩大，有一定的运营效益，中小企业开始通过银行贷款的渠道获得资金。

（2）科技型中小企业。科技型中小企业在其创建时一般会采用内源融资。在此阶段，企业会将技术开发与创新放在核心地位，由于企业刚处于起步状态，企业的生产经营活动还处于不稳定时期，使得其难以获得外资。所以在该阶段，企业若想要获取运营资金，出售使用率低的资产是一种良好的选择。企业经营日益趋于稳定，企业技术创新强度持续加强，销售渠道持续拓宽，销售范围持续变广，利润率显著提高，就会投入更多的周转资金。内源融资方式已无法满足技术创新的高投入需求，外源融资开始成为该类中小企业的主要融资方式。随着吉林省加大金融机构服务企业的力度，科技型中小企业融资渠道扩大，可以向金融和非金融机构贷款，也可以利用产权的交易方式获取资金。当企业开始步入成熟期，企业会首先考虑全面采取资本运作的方式，其次是通过各个金融机构的信贷业务，最后是利用创业板融资以吸引外资来取得资金。

（3）服务型中小企业。服务型中小企业所需的资金主要是存货流动资金贷款和以促销活动为主的经营性开支借款。其由于此类企业资金规模较小、企业数量少、企业更新频率快、贷款周期短且随机性大，通常来说其风险主要取决于企业管理者的运营能力和信用，因此融资风险相对吉林省其他类型中小企业要小得多。所以银行等金融机构会欣然对其进行融资支持。该类中小企业无论处于哪种成长阶段，都更偏好于向银行贷款的外源融资方式来解决企业融资问题。

1.3 民间资本与"麦克米伦缺口"的拟合度研究

本节立足于吉林省中小企业融资现状与民间资本存量现状，进而分析形成"麦克米伦缺口"的原因，最后通过对比民间资本特性与"麦克米伦缺口"的特征，分析民间资本存量对我国中小企业资金缺口的适应性。

1.3.1 形成"麦克米伦缺口"的原因分析

造成"麦克米伦缺口"如此突出的原因，主要有以下两个方面。

1.3.1.1 "麦克米伦缺口"形成的内部原因

（1）营运能力差。中小企业融资困难有其自身原因。中小企业的原始注册资本小,规模较小,资产总量较小,技术相对落后,且由于大型企业具有规模优势,中小企业在市场面前缺乏竞争力,造成其营运能力相比于大型企业来说较差,导致了中小企业抗风险能力差。这也是银行不愿放贷给中小企业的原因之一,银行对坏账率有严格的规定,有盈利能力才有稳定的资金输入,才有还贷能力,银行对中小企业的风险性心存顾虑。

(2)信用状况不佳。银行等金融机构要给企业放贷款就是一场交易,一切交易都是以信用为基础。中小企业自身的信用状况得不到银行的信任,也缺乏相应的信用意识,是其得不到银行贷款的阻碍之一。市场上缺乏对中小企业的信用评级机制,导致银行等传统金融机构无法对中小企业的信用等级有个清晰的认识或是要调查中小企业的还贷能力需要花费较大的成本。在这种情况下,银行等金融机构对中小企业的借款通常持谨慎态度。

(3)财务风险大。中小企业的公司结构不合理,对财务管理方面的观念落后,财务报表的真实性、合理性存在限制,导致中小企业面临很多潜在的风险。在中小企业面临资金短缺时,不能像大型企业一样有广大的资金来源来重新恢复资金链,从而可能会导致中小企业的资金链断裂。发展的不稳定性与较大的风险也是金融机构考虑的一个因素,并且较差的财务管理水平导致了信息披露水平的低下,形成了信息不对称问题。正因如此,银行等金融机构愿将大额的资金放贷给大型企业,比起中小企业的小额贷款,收益大,资金相对安全,降低了自身承受的风险。

1.3.1.2 "麦克米伦缺口"形成的外部原因

(1)银行对中小企业惜贷。从外部融资环境来看,四大国有银行依旧是我国银行体系的主要银行,而金融体系则以银行为主体再辅以证券等其他金融机构。国有银行在给企业发放贷款的过程中存在很强的偏向性,并且这一特性已经延续很长时间。由于中小企业融资的资金总量小，风险大，坏账概率高；而大型企业通常信誉高，借款资金量大，单次借贷收益大。所以，银行更愿意将资金放贷给大型企业，而对中小企业惜贷，降低银行自身所承受的风险，也获得相对较高的收益。同时，我国中国农业发展银行等三大政策性银行也没有针对中小企业融资的相关保护政策。

（2）资本市场尚未完善。我国的资本市场体系还处于不够完善的发展期，上市过程较长，手续复杂，对企业的营收能力提出了硬性要求。中小企业国内上市时关于营业收入方面的硬性规定包括净利润、现金流量、累计收入等，这些硬性要求对于创业期或者是刚进入发展期的中小企业来说存在较高的门槛性，而恰巧处于创业期、发展期的中小企业正迫切寻求资金的支持。所以，创业期、发展期的中小企业无法从资本市场获得直接融资，阻碍了中小企业的发展。

（3）缺乏合理的担保体系。由于中小企业信息相对不够透明，银行处于信息弱势，银行通常要求中小企业提供合理的抵押物或者提供第三方担保。但是，中小企业缺乏合理的抵押物，市场上也缺乏合理的第三方信用担保体系，向银行贷款时无法获得担保，而银行获取中小企业信息的成本又过高，因此获得贷款是难上加难。

除了以上主要原因，还有中小企业融资渠道狭窄、国家宏观政策、金融体系等很多原因都会造成中小企业的融资难的问题，阻碍了中小企业的发展。

1.3.2 民间资本存量对"麦克米伦缺口"的适应性分析

1.3.2.1 民间资本存量的特性及投资偏好

（1）民间资本存量的特性。

①总量巨大。居民储蓄属于民间资本中的金融性民间资本，虽然个体资金量不大，但是数量多、总量大。并且，由于缺乏有效的投资对接

渠道，大部分居民储蓄处于闲置的状态，等待着投资机会出现。

②灵活、便捷、流动性强。由于民间资本中大部分为闲置资金，可以随时支取，流动性强。民间资本借贷不像四大国有银行有规定的流程与制度，办理手续便捷，提高了融资效率。

③逐利驱动。民间资本崇尚的是收益最大化，银行存款的利率偏低，当有利率更高，风险也符合预期的投资机会出现时，居民会将原本在银行中闲置的资金进行投资。

④风险规避性。受传统观念的影响，考虑到养老、医疗等问题，我国居民对投资通常持以谨慎态度，尽量规避高风险投资类型。

⑤利率市场化。民间借贷主要受市场供需的影响，因此其借贷利率主要也由市场决定，随着市场资金量的供需上下波动。

（2）投资偏好。居民储蓄是民间资本的重要组成部分之一，个体资金量不大，具有很强的分散性，承受风险能力不强，所以民间资本存在高风险规避的特性。在选择投资项目上，民间资本更倾向于低门槛，收益回报周期不长且风险较低的项目。

1.3.2.2 "麦克米伦缺口"特征及融资偏好

（1）"麦克米伦缺口"的特征。

①资金需求量大。无论扩大生产规模，还是创新转型都离不开资金需求，中小企业的资金缺口已经严重影响其发展，迫切需要找到一条合适的融资渠道。

②需求次数多、金额小。中小企业通常没有一个完整的融资计划，因此资金需求通常较为临时、多次，且需求金额与大型企业相比较小。

③低融资成本的倾向。中小企业的营运能力显然不能与大型企业相提并论，在融资方面，中小企业更希望可以找到低融资成本的渠道，且办理手续尽量便捷，使资金能更高效地运用，也变相降低了融资成本。

（2）融资偏好。中小企业的自身特点及经营特性决定了其融资偏好。由于中小企业通常没有制订完整年度的融资计划，融资决策通常随着经营的进程决定，所以中小企业的融资通常具有临时性、多次性。因此中小企业更倾向于灵活、便捷的融资渠道。观察中小企业的资产负债表可以发现，中小企业的资产负债率较低，而流动负债率较高，说明银行贷款等长期借款在中小企业的资本结构中占比较低，中小企业偏向于灵活的短期借款。

1.3.2.3 二者拟合度分析

根据2013年调查显示，中小企业的资金来源中，自筹资金占将近八成，民间金融仅占不到一成，而自筹资金大多也是通过熟人、亲戚等关系向周边筹集。民间资本大多具有个体资本较小，但个体数量多、体量大的特点。可见如何充分发挥民间资本存量对中小企业资金短缺问题的作用至关重要。

（1）民间资本与中小企业融资缺口具有互补性。就现实情况而言，民间存量资本的数额巨大，多数处于闲置状态或由于没有更好的投资渠道而选择将资金存放于银行，等待好的投资机会出现。资金对于中小企业的经营来说无疑是非常重要的，存在资金缺口是阻碍中小企业发展面前的一道坎。因此，从资金的供需关系来看，民间存量资本与"麦克米伦缺口"存在互补的关系，民间资本能解决中小企业资金短缺的问题，而中小企业的蓬勃发展可以一定程度上增大民间存量资本的规模，促进民间资本的发展，具有相互促进的作用。

（2）民间存量资本在解决"麦克米伦缺口"上具有优势。首先，民间资本具有灵活、便捷的特点，正规金融机构尤其是大型国有银行则是体制化、程序化的，因此正规金融机构效率低下的方式不如民间资本灵活自由。而中小企业的资金需求往往也都具有金额较小，需求次数较多，需求较为临时的特点，民间资本刚好契合中小企业的资金需求特点，丰富了中小企业的融资渠道，使中小企业融资方式趋于灵活。便捷的融资方式使资金更具时效性，这样中小企业不会错过宝贵的投资机会，并且提高资金的使用率变相降低了成本。其次，民间资本的借贷形式多种多样，并且随着社会经济的发展，结合新兴的时代产物，演变出不同的形式，网络借贷应运而生。对于较为分散且数量较多的中小企业来说，借贷便利且可选性强。最后，民间资本具有一定的地缘性，在长期的过程中对当地的中小企业具有比传统金融机构更深入的了解，通过当地人与人之间的信息传播，对借贷企业的信用情况、还款能力等比传统金融机构更为了解，因此当地的资金持有者对于被投资的中小企业具有银行等机构不能比拟的信息收集以及辨别的优势。

（3）民间资本的逐利驱动。近年来，我国城乡居民的可支配收入增多，储蓄率也不断增加，民间资本逐渐沉淀增多。虽然中国的金融体系在不断发展，但是人们可供选择的投资渠道仍然很少。对我国的储户来说，银行利率较低，收益回报低下；股票投资存在风险与较大的不确定性；房市对于一般储户来说需要一定的经济基础才可投资，存在门槛，且国家政策不稳定，给房市带来了不确定性。中小企业的借款利率相对于银行来说具备很大的优势，远高于同期的银行存款利率，并且实现了市场化，存款利率根据市场的供需情况进行调节。民间资本借贷信息对称，是中小企业与借款方的理性选择。一方面，中小企业有资金需求，获得发展需要的资金，以弥补资金缺口，开展经营活动；另一方面，民间有大量的资本存量，资金的提供方也能获得较高的收益。正是这种双方的契合是中小企业民间资本借贷的生命力所在。

第2章 民间资本对接"麦克米伦缺口"的法金融案例研究

中小型企业能否健康稳定发展，直接关系到整个国家的经济是否能够平稳运行。解决中小型企业融资难问题，除了能够有效缓解金融危机，还能够解决很多社会问题，保持社会的稳定。虽然现阶段我国的"麦克米伦缺口"治理的还不够成熟，但已经初见成效。由此可见，结合我国的实际情况对"麦克米伦缺口"治理仍具有较大的现实意义。

第一，我国对"麦克米伦缺口"的治理，为中小型企业扫除了融资道路上的障碍，推动其快速成长。我国中小型企业数量庞大，产生的经济效益极为可观，在乡镇中提供了大量的就业机会，对我国财政税收作出了巨大的贡献。在保障我国经济的健康平稳发展方面，中小型企业可谓是功不可没。我国幅员辽阔，中小型企业具有浓重的地方化特色，能够有效、灵活地利用地方性资源，以使我国的各项资源得到了充分利用。并且，我国大多数中小型企业属于科技型企业，拥有较强的创新意识和创新能力。科学技术是第一生产力，科技型中小企业的快速成长、高速运营，必然带来经济效益的大幅度提高，推动我国整体经济的大幅增长。

第二，我国对"麦克米伦缺口"的治理，有力地打击了严重干扰金融市场正常运营的非法金融交易行为。非法金融交易行为游离于金融监管体系之外，会严重影响中国的金融市场及实体经济。在进行"麦克米伦缺口"的治理过程中，会将一部分民间融资摆到台面上来，由政府及有关部门进行监督，有效打击了非法集资等现象，规范了金融市场，维护了金融秩序。同时还为中小型企业提供了一部分的资金来源。经过多年治理，非法金融交易事件逐渐减少、非法金融场所逐渐消失，这与政府规范并鼓励合法的民间融资，加之中小型地方银行的快速发展有着密切关系。

第三，我国对"麦克米伦缺口"的治理，使当今人才涌现。在中小型企业的发展过程中，出现了大批创业型人才和技术型人才。中小型企业发展的前景明朗，就会留住大批人才，使人才不再大量流向国外。"麦克米伦缺口"的治理要求企业管理层、治理层与金融机构信贷相关人员的综合素质要不断提高，加强内部培训与学习，这样才能为我国经济的发展培养大批人才。与此同时，占中小型企业大部分的科技型企业需要大批技术人才，为了适应这一需求，各高校也会开始注重对这部分人才的培养，如此良性循环，会使我国人才辈出，才能推动经济社会的长足发展。

2.1 温州试验区案例研究

改革开放40年来，我国的中小企业成长迅速，已经成为拉动我国经济蓬勃生长的重要动力。截至2016年12月底，注册的中小企业数量已接近2000万家，占企业总数的75%以上。

我国中小企业对推动经济社会的进步有重大意义，中小企业的发展有力地促进消费增长、推动就业、带动创新科技与产业结构升级。对于我国中小企业来说，最大的问题在于融资难，与国外相比国内的企业进行资金筹集面临的市场环境和经济环境相当复杂，形势也极其严峻，并没有相对健全的市场环境。

当下，中国的经济正处于中高速发展时期，相对于发达国家来说，还存在诸多的不足，尤其是民间融资借贷缺乏监管，民营企业老总"跑路"现象较为严重。在这种环境下，国内的很多投资资金得不到保障。除此之外，国内的市场缺乏一种公平的运行机制，很多行业存在垄断现象，因此中小企业想要做大做强，其面临的问题也是不言而喻的。

虽然在金融危机之后，我国的政府出台了一系列的政策来应对金融危机，但并没有造福中小企业，中小企业仍然面临成本高、利润低的尴尬局面。另外，投机过剩导致的货币贬值，使得中小企业的生存更加困难，国家为抑制这一不利影响，采取的一系列货币紧缩政策，实际上是加大了中小企业贷款的难度。这一系列因素，导致了企业把目光转向了民间融资。

近年，随着民间借贷风险的日益提高，经济问题的日趋严重，隐藏在金融市场背后的诸多问题也随之显现。温州很多的企业借贷风险出现问题，导致许多企业不能迅速融集资金，资金链断裂现象日渐普遍，大量企业由于资金链的断裂一夜之间宣告破产。这实际上又间接触发了借贷信用的问题。民间投资与经济发展越来越不协调，使得处于夹缝中的中小企业生存越来越难，中小企业的大量倒闭更是给当地经济乃至整个中国经济的发展带来了非常大的阻力。

在这种危急形势下，我国政府审时度势，迅速在温州建立了金融改革的试验区：建立金融新组织、有效合理发展民间融资、深入金融组织体制、发展各类债券产业链、优化管理金融体系、充分发挥地方资本资源等，努力建设与社会相匹配的多元化融资体制，寻求融资创新，引导各界融资有序发展，加强构建和管理金融风险能力。这些举措为今后国内开展类似工作提供了宝贵的经验。

近年来，温州的经济发展之快是有目共睹的，大量的民间中小企业蓬勃发展，同时民间的借贷市场也为经济的快速发展注入了活力，但是不容忽视的是，风险也伴随而来。因此，这次试点改革的成功与否，直接关系到我国未来资本的一系列变动。更重要的是为国内进行类似金融试点改革甚至全国范围内的大规模整改，提供了宝贵的经验。

虽然目前的温州的改革还算相对成功，但是如果想取得大规模的突破性进展，还需要大胆创新，敢于突破天花板，开拓新的领域，这样才能突破瓶颈，重建辉煌。此外，国家的辅助政策也是必不可少的，毕竟经济要想发展，除了企业自己之外，还需要相对稳定的市场环境。只有国家和企业合二为一，为了目标共同前行，未来的经济发展才能更好。

目前，我国对中小企业的发展研究重点仅仅停留在外部融资，并没有重点关注内部融资的重要性，其实对于企业的融资发展来说，内源融资和外源融资的作用是同等重要的。可是许多中小企业和专家并未意识到这一点，这也导致了中小企业发展思路单一，缺乏主动创新的意识。

国内大多数的中小企业，从外部筹集资金风险大、渠道单一，不稳定因素很多；更严峻的是，目前经济环境急剧恶化，企业内部融资也受到诸多阻碍，导致企业内外筹集资金都受到了很大的影响。

经济形势和金融形势的日渐严峻，从而带来金融市场的一系列问题，乃是本书分析的主要因素所在。借此机会，正好将企业所面临的融资难问题，以及背后所隐藏的一系列原因进行抽丝剥茧，认真分析。继而对中国未来金融问题的发展进行一定的预测，并为中国金融体制的改革提供相应的借鉴。

2.1.1 温州试验区

继舟山群岛新区、浙江海洋经济发展示范区设立及义乌国际贸易综合改革试点获国务院批准之后，温州市试验区是国家给予浙江省区域经济的另一个支持性政策。

温州市区域经济水平高，资金活跃度高。前些年，温州市多家小微企业出现了"老板"跑路的情况，这对维护经济环境的稳定带来了不小的难度。

为了降低风险,将民间借贷进行监督和管理,使多年隐藏在民间的金融资本变得公开通明;为了引导民间金融活动有序发展,改善并解决温州民间金融资本的重大难题并且提升本市金融综合实力,于是温州市进行金融试点创新。这一改革创新的新举措,不仅对温州的经济快速发展起到至关重要的作用,更是对全国经济起到推动作用。许多法律等规范文件由国务院批准实施后,我国金融服务业整体水平得到了提升,金融风险控制能力显著提高,优化了金融市场环境,为中国进行类似金融改革试点活动提供了宝贵的经验。

2.1.2 融资创新的界定

融资创新即企业融资方式渠道的扩展。创新主要可以分为两种方式:债务性创新融资和权益性创新融资。债务性创新融资包括发行债券、银行贷款、应付账款和应付票据等,而权益性创新融资则主要体现在以下方面。

2.1.2.1 融资租赁

这种租赁方式指的是承租方对于在租赁方租来的物品,采用分期付款的方式来偿还租金,来达到企业短期借款的目的。其业务本质就是借钱还钱。

融资租赁对承租企业的条件要求特别高,即融资租赁公司认可的企业价值;而融资租赁公司则看重自己的经济效益,更重要的是承租企业未来的潜力。还有一点不可忽视,即信用对于企业是极其重要的,它是企业未来发展的基石。

2.1.2.2 银行承兑汇票

各个企业之间为了实现交易的目标,银行承兑汇票则起到了不可忽视的作用，此汇票相当于银行对企业的一种承诺，一种契约，银行会在汇票上签名和盖章，如果届时买方企业无法如期还款，那么银行届时会将相应的款项打给卖方。

这种融资方式的好处是，企业可以在短时间之内迅速达成交易的目的，并且降低融资成本。

2.1.2.3　不动产抵押

进行不动产抵押是中国市场上企业之间最为流行的一种融资方式，利用这种融资方式可以在短期之内筹集到大批资金，但同时这种融资方式风险也比较大。企业进行不动产抵押一定要慎重。

2.1.2.4　股权转让

这种融资方式是企业将资金的一部分股权转让给相关的投资方，投资方向被投资企业注入一定的资金，并获得被投资方的股权，二者风险共担。对于被投资企业来说，这种融资方式的成本极低，便于企业在短期内融到大量资金，不过被投资企业也不容忽视一个问题，那就是对于投资者一定要特别了解，否则企业的控制权会受到很大的冲击。在进行投资股权转让的同时一定要谨慎行事，切不可鲁莽，必要时可以咨询相关专家。

2.1.2.5　提供担保

提供担保是指那些已在银行开立信用凭证的企业，在进行进出口贸易时，为了提升提货效率，可以提前办理担保提货手续，这种方式虽然效率高，但是风险还是有的。

2.1.2.6　国际市场开拓资金

这种融资方式是中央扶持外贸企业的发展资金，企业如果要达到获得这一资金的标准,那么要从以下几个方面考虑:质量管理体系、境外展览会、软件出口企业和各类产品认证、环境管理体系、开拓新兴市场、培训与研讨会、境外投标、国际市场宣传推介等,优先支持面向中东、非洲、拉美、东南亚和东欧等这些发展中地区的商贸活动。

2.1.2.7 互联网金融平台

这种方式是随着互联网的兴起而逐渐兴起来的,一些投资网站,经过大量的分析和筛选,将一些符合标准的、具有一定规模、风险较低的好项目挂在网站上,供投资者进行投资选择;利用这一便利的在线投资平台,企业在线上就可以与投资者签订相关的投资合同;同时由于网络平台是欺诈的高发地,因此相关的网络平台会实时对这些接待活动进行筛查,以确保投资人避免上当受骗。这种网络平台,实际上为企业提供了较为便利的投资与筹资的中介,为了降低风险,改善网络环境,平台管理员应该不定时检查网络环境是否安全,防止黑客入侵,并且要聘请专家,尤其是投资融资方面的专家进行相应的技术指导,以确保投资人的投资合理可靠。另外,第三方监管机构也应该参与进来,对这种网站进行监督,以确保网络平台更加合理运行。

2.1.3 温州中小企业融资创新举措

2.1.3.1 温州中小企业融资现状分析

(1)温州中小企业经营困境。随着改革开放的发展,我国各地区的经济逐步走向繁荣,特别是沿海城市,而温州作为沿海城市的代表,更是人才辈出。温州在国民的印象中向来有企业家的摇篮之称。但是随着金融危机的爆发,以及基本市场的不良运转,温州作为经济大市又一次被推向了风浪尖。可以说通货膨胀的爆发一夜搞垮了中国的实体经济,温州的矛盾与问题正是中国矛盾与问题的缩影。

温州的经济发展有目共睹,这些年来知名民企老板也是数不胜数,这些改革开放的先驱对中国经济的发展起到了不可忽视的推动作用,但是与此同时,金融危机爆发导致的诸多问题更是值得我们深思。我们既要保住改革开放所带来的成功果实,更要加强祖国的繁荣昌盛。所以这次温州市的金融改革不仅对于温州本身的经济发展起到推动作用,更起到了一定的带头作用,为类似的经济改革试点提供了宝贵经验。

温州市的发展模式有些特殊,它跟国内许多大型沿海城市有很大的不同。温州市的发展依赖的主要不是进出口,而更多的是本市的民营企业,这些企业的发展更是呈现出了产业密集型的态势,它对带动温州市的发展,乃至全国的发展,起到了重要的推进作用。

近些年来,通货膨胀的爆发,使得实体经济的成本日渐上升,大多数资本用在了房地产的炒作上,抬高了物价,变相地冲击着中国的实体经济,使民营企业的老板无利可图,纷纷"跑路"或者改行。在这一点上,温州出现的问题尤为突出。类似于国内很多地区,当企业随着经济的发展而后劲乏力时,许多实体经济将面临破产,商人们更注重的是投机。因此,温州市产业发展存在大量隐患。

(2)温州中小企业融资特点。

①内源融资能力下降。随着民间借贷的繁荣,内源融资更是被企业所忽视,殊不知内源融资才是企业发展的重要武器,它直接影响到企业的可持续发展。

更重要的是,中国的中小企业缺乏创新,没有良好的创新环境,导致同行业竞争的产品同质化现象尤为严重,企业要想求得生存只能委曲求全降低利润,惨淡经营。这导致的直接后果是,企业要想进行内部融资更是难上加难。

②直接融资渠道难以获得。大量的民营企业产品缺乏创新,缺乏竞争力,导致企业的规模难以扩大,温州也是一样,企业之间你争我夺使得利润越来越小,更加难以维持生计,更别提有资本在资本市场上直接

融资了。

③间接融资过于倚重非正规渠道民间融资。目前我国民营企业的融资渠道还是特别少的，很多中小企业没有达到一定的规模，无法短期内向银行申请到巨额贷款，因此只能通过民间来筹集资金，但是这种筹集资金的方式成本非常大，风险也非常高，一旦企业的资金链断裂，会在一夜之内破产，甚至会背负巨额的高利贷。

（3）温州民间资本现状。相对于国内的其他地区来说，温州市的民间金融市场资金非常雄厚，民间借贷现象非常活跃。可以说这为民间的资本创造了大量的投资渠道，使得民间的一些资金得到了合理使用，推动了中小企业的发展，同时也为自己带来了丰厚的利润。但是金融危机爆发之后，极其活跃的民间借贷市场也面临着重新洗牌，经济形势的日益严峻也为民间融资带来了很大的不确定因素，使得一些资本纷纷撤走寻找更加稳定的房地产投资。

所以，一方面是中小企业经营难、融资难；另一方面是大量民间资本寻求投资渠道。这看似矛盾理论的背后原因不是资金的缺乏，而是在资金对接方面出现了问题。所以，要解决这一问题，就不应通过简单的信贷宽松政策或输入流动性，而是应通过金融改革创新和改善民营经济经营环境来实现资本供需双方的对接，如此才可最终解决我国中小企业融资难和发展的问题。

2.1.3.2 温州中小企业融资创新举措

（1）规范发展民间融资。内容包括：研发规范温州中小企业融资的管理新方式；设立融资管理体系；建立健全融资监测体系。

没有法律保护的民间金融是脆弱的，国家提出用规范发展的管理办法将民间融资纳入正规金融渠道，这是对民间融资在中小企业融资中起的作用做了肯定，但是需要规范其无序性，减少交易双方的信息不对称性，并降低资金借贷成本。

这一政策将允许成立一定形式的民间借贷服务平台，为民间资金的提供方和需求方之间搭建一个融通的渠道，通过一定的制度规定，通过双方的信息登记、标准协议的签订、抵押物的公证等标准化程序，让民间资金既可以自由的流动，又在很大程度上规避了原有的高风险。

（2）推进中小企业金融服务创新。内容包括：支持民间资金参与金融机构改革；支持民间资金设立或参股村镇银行、贷款公司等新型金融组织，引导民间资金设立股权投资企业。

①小额贷款公司可改制为村镇银行。虽然大部分国家都支持民间资本等流入金融领域，可是由于太多阻碍和过高的进入门槛，民间资本能进入的领域是只贷不存的小额贷款公司，而在形式设计上先天不足的小额贷款公司缺陷更加突出。如果小额贷款公司转化为银行，则表示投资者可以成为银行的大股东，这在制度上就是一个惊人突破。

而对自然人发起金融公司松绑，允许自然人发起设立创业投资公司或股权投资公司、允许自然人设立民间资本管理公司、允许自然人创办其他专业资产管理公司，则是为民间资本提供的多条投资途径，通过专业的管理人员把资金投到民营经济真正需要资金的地方，特别是那些具有巨大发展潜力的新商业模式企业和高科技创新型企业，然后可以通过国内或国外资本市场上市退出。

②鼓励设立小企业信贷专营机构。以往由于中小企业规模小、抵押物少、管理水平低、经营稳定性差、信息不对称问题突出等缺陷，且监督难度大、监督成本高，一旦出现不良贷款，银行遭受的损失往往很难挽回，而国有企业则有"国家担保"的依靠。所以，国有商业银行会产生信贷配给行为，对广大中小企业有"惜贷"的倾向，更愿意把贷款放给大型企业和国有企业。

温州金融改革方案中，国家鼓励设立小企业信贷专营机构，这正是温州地区的国有银行和股份制银行深入开拓中小企业市场的一个很好的契机。与传统的总行模式相比，小企业信贷专营机构具有以下突出特点：

首先，独立性和动能性迅速提升。中小企业信贷机构执行委员会下总经理负责制，这个委员会类似于中小银行的监事会，总行对委员会一次性授权，不干预其技术、经营、管理等方面的事，让面向中小企业的服务具有自主性。

其次，贴近市场。在中小企业繁多的温州，小企业信贷专营机构可以通过独立核算，自负盈亏，探索一条适合自身发展的道路。有了独立性、专业性，又贴近市场，这样它的产品和服务就会贴近客户的发展需求，创新的程度深，发展也比较快。

③支持发展融资租赁业务。支持发展融资租赁业务是一项改变中小企业融资难、筹资慢的举措。融资租赁是非常适合中小企业的一种筹资形式，这是因为：

首先，融合资金人力物力财力是该业务的一大优势，该类公司保留对租赁设备续存所有权，不像银行看重财务状况、融资状况、经营效果等，而且获取资金的手段也十分便捷。例如，无须要求担保，所以十分适合温州中小企业获取资金，发展自己事业。

其次，融资租赁属于表外融资，不对中小企业有任何的影响，如不对企业资产负债表、利润表中的事项造成任何影响。这对需要多渠道融资的中小企业而言是非常有利的。

但是由于融资租赁业务在我国尚属于起步阶段，还存在社会认知度低，法规体系不健全，风险意识淡薄等问题。如果这次金融改革能在加强融资租赁业务的宣传、为融资租赁业务提供更多优惠政策、完善健全相关法规方面有所突破，则该项改革任务会收到更多实际效果。

(3) 培育区域资本市场，推动通过债券市场融资。主要内容包括：培育发展地方资本市场；积极发展各类债券产品，推动中小企业通过债券市场融资。

①培育产权交易市场。由前面的分析可知，我国的中小企业发展较

晚、发展速度前期提不上去、发展质量不够优质。因此，建设门槛较低、准入标准较低的交易证券期货市场来激发更多中小企业的发展，以促进中小企业融资发展业务的更新前进。

产权交易平台在进行投融资过程中，特别是中小企业投融资过程中，主要有以下三个方面的优势：

首先，公信力与产权市场的发展密不可分。因为政府采取较多措施提高产权市场公信力和准入门槛，同时为产权市场的发展监督作出巨大贡献，真正意义上为产权市场提高了公众公信力。

其次，集聚各类投资项目、政策支持和中介服务资源，使中小企业在发展过程中能获得高效集约的中介服务，最低的成本和最高的融资效率。

最后，多元化服务、多层次、多功能符合中小企业融资特点。区域性产权交易市场和非标准化是最重要的特征，解决了从资本到资本市场再到服务的全过程，房地产市场不仅涵盖融资和贸易企业所有权、产权、债权、知识产权，也可以依靠产品组合和市场融资平台的设计案例与无限的空间创新。

②积极发展债券产品，推动中小企业通过债券市场融资。所谓中小企业私募债即指相对于公募发行而言的定向或非公开发行，是发行者向投资者发放约定在一定期限内还本付息的债券。在制度和形式层面，中小企业私募债类似于国际市场中的垃圾债券。

(4) 加强社会信用体系建设，完善金融管理体制，建立风险防范机制。主要内容有：拓宽保险服务领域；推进诚信和信用体系建设，防范风险，加强监测预警。

①拓宽保险服务领域，为中小企业融资提供创新服务。目前，小额贷款保证保险、履约保证保险已在我国一些地区展开试点，现有望在温州金融改革试验区推广。在这种由多方共同防范和承担贷款风险的银保合作或政府与银保三方合作的新模式下，中小企业贷款、再受抵押资产

的限制，可以缓解其信贷难题。

②加强社会信用体系监管和监测预警，创新金融监管体制。目前民间借贷主要凭借的是个人信用，而缺乏法律约束。2011年全国多个地区均出现了民间资金链条断裂的案例，且蔓延面积广泛，对经济和社会稳定危害极大。所以有必要建立民间借贷的行业管理组织，行使监督、中介、仲裁等职能，依法对民间借贷进行管理。

目前社会上存在着大量的以民间借贷为主要经营业务的投资公司、典当行等，均处于监管真空地带，隐藏了大量风险。所以当前亟需建立金融监管监测预警，对风险进行及时有效的监控和疏导。

另外，应对金融监管体制进行创新，建立多层次的金融监管体系，应强化地方政府的金融监管职责，要建立地方与中央相关部门的监管配合机制。

通过对温州金融改革方案的分类解读，可以得知国家在中小企业融资问题的制度供给上提供了一定的支持；也可以看出这次金融改革传递出的信号：其一，深化金融改革，构建多元化金融体系，为全国金融改革积累经验；其二，引导民间融资规范健康有序发展；其三，体现金融必须服务于实体经济的明确思路。

但是我们也发现，这次温州金融改革对于中国金融改革最迫切的一些重大课题，没有给予正面回应，如在利率市场化改革等一些核心问题上尚未触及，并且在当前实施细则和相关配套法规没有跟上的情况下，金融改革方案是否具有可作性都存在诸多疑问，实施效果如何还有待实践的检验。

2.1.4 温州试验区融资创新实践效果及问题分析

2.1.4.1 融资创新效果分析

温州金融综合改革从启动以来，已取得了一些成效。根据收集的资料和数据，我们对温州金融改革截至目前的进展情况进行了汇总。

(1) 引导民间融资规范化，阳光融资。

①积极开展民间资本管理公司试点。目前，乐清和其他地方有10家私人资本管理公司正式开放，注册资本1亿元，总计投入资金的项目1000万元，将近20个项目。

②建立民间借贷登记服务中心。提供公证、登记、评价和综合服务，为私人资本供求双方直接贷款交易提供服务平台。到2012年底，登记贷款达600笔，金额6亿元；注册了500笔、金额达到10亿元的交易，注册80笔贷款总额6000万元的交易。

③温州中小企业融资服务中心的建立。温州中小企业融资服务中心是一种新型的金融中介机构，职能是缓解中小企业的融资难、融资贵问题。这是温州民间借贷登记服务中心创建的一个重要的金融创新服务平台。

温州中小企业融资服务中心是以温州贷款电子商务为主要业务，采取以市场为导向的经营方式。它的融资功能是有别于传统的房地产抵押贷款，提供动产质押融资以服务中小企业，主要涉及货物正确的运行，质押的应收账款，核心企业与上游和下游供应商"捆绑信贷融资"。

一些学者认为，这是一个新的融资服务模式，解决大多数中小企业信用水平较低的问题，也激活了企业资金，降低中小企业的融资成本，这为解决中小企业"贷款难""融资难"提供了一个很好的例子。

(2) 促进中小企业金融服务创新。

①促进农村的发展银行和农村合作金融机构股份制改革。温州目前共有6个农村银行设立了分支机构，并且设置了5个村共同基金，正在积极扩大试点范围，争取农村银行在县地区实现全面覆盖。此外，项目有1个农村合作金融机构股份制改革发展计划，筹备工作进展顺利，准备有序。

②创新和发展为小微企业和"三农"金融服务。温州市鼓励银行机构增加对温州小微企业的信贷支持，实施扩大信贷规模、信贷授权、利率定价权限的优惠政策，绩效考核方面，对不良贷款给予宽容；积极发展科技贷款、小额贷款、住房抵押贷款和其他农业小企业信贷支持。

（3）培育发展地方资本市场方面。温州区域金融系统明确提出将借助金融改革的东风，积极推行企业债券融资，并通过银行间市场承销发售短期融资券、中期票据和中小企业集合票据等。温州市中小企业可以依照该方案，有针对性地发行债券产品，真正意义上实现了融资的多元化。

可以看到，温州金融改革在实施几个月来，从方案实施的角度来看，推进效率是很高的；在规范民间融资、拓展直接融资渠道等方面也不乏亮点，成效是非常显著的。

2.1.4.2 创新中的问题分析

（1）银行利率市场化试点搁浅。利率市场化，即利率水平的制定取决于市场供给，其核心内容是利率形成机制的市场化。而利率管制的弊端就是产生金融抑制，导致金融市场资源配置的扭曲，市场效率的低下。具体来说，对利率的管制制约了银行追求更高利润以弥补更大风险的企业行为，更趋向于将资金贷给国有企业及大中型企业。

（2）民间资本设立银行缺乏明确化。此次温州金融综合改革总体方案对民间资本设立银行尚缺乏进一步的明确细化，虽然提出"加快发展"，但是并没有出台细则和其他配套法规对设立条件进行放宽、对审批程序进行简化。

另外，利率市场化和民营银行准入尚未完全放开，一些造成金融抑制的体制性因素尚未完全被打破，造成了社会资金的流动依然存在机制性障碍。如果要彻底解决民营中小企业的融资难问题，上述抑制、阻碍等因素必须在之后的金融改革中予以突破。

2.1.4.3 温州试验区融资创新启示与借鉴

（1）民营中小企业应励精图治、自我完善。缓解民营中小企业融资难，仅改善企业融资的外部环境是远远不够的，还应该从提升企业管理水平、技术创新、信用等级、规范财务管理等方面入手，增强企业自身综合实力，使企业内源融资与外源融资能力都得到提升。

①完善公司治理结构，提升管理水平。公司治理结构落后与混乱是我国民营中小企业广泛存在的一个薄弱环节。公司治理结构的不完善，不仅严重影响了企业进行有效率的经营管理和决策，影响企业的市场竞争力；而且也不利于企业树立规范经营、管理有序的良好形象，不利于获取外源融资。因此温州试验区中小企业也要从小处着手，以增强经营管理能力和市场竞争力，提升企业层次与市场形象，提升融资能力。

②加强企业技术改造和产品创新，提高市场竞争力。科技进步技术产业创新已经成为当今企业飞黄腾达的不二之选，核心创造力决定了一切，完全体现了一个企业融入市场的竞争力。知识经济对中小企业的发展提供更多的机遇和挑战，在新技术革命的民营中小企业必须发挥其所长，加大科技投入和技术创新，加快工业企业转型升级，提高企业的竞争力和盈利能力。

③增强信用观念，提升企业信誉。企业声誉的关键因素之一是企业获得社会认可和获得融资。中小企业自身实力不强，应该珍惜自己的信誉，加强信用的概念，努力增强企业信用评级：一是遵纪守法、诚实的业务；二是按照企业银行贷款的要求，规范企业的管理，获得银行的信用评级；三是加强与银行的关系，业务合理，增强信任；四是加强企业之间的联系，扩大安全的来源。

④规范财务管理制度，增强财务信息可信度。银行企业账不平是造成中小企业融资难的一个重要问题。由于企业规模较小，财务状况不是很清晰，财务报表的记录也许不是很完整，有很大程度上的不规范、不

完整、不真实。因此，相关部门要加强财务规范制度，完善会计计量记录工作，计量报告精确，全面增强财务信息可靠程度。

(2) 改善民营中小企业经营环境，增强其内源性融资能力。以往的研究过于注重对企业外源融资渠道的探讨，而忽略了提升中小企业内源融资能力的重要性。企业的内源融资能力是企业发展的持续不竭的动力，是资金供给的"源头活水"，增强中小企业的内源融资能力，不仅提升其自身的"造血功能"，也减少了对外源融资的依赖。改善民营中小企业经营环境，需要在我国经济体制改革深化的过程中稳步推进和落实。

当前，我国中小企业正处于融资难度大、结构性用工短缺矛盾凸显、能源价格波动、成本增加、利润下降的困境中，而企业税费负担沉重，更加剧了其经营的困难。因此当前政府应加快税制改革的步伐，完善税制结构，取消不合理的税费征收，减轻民营中小企业负担，提振企业家发展信心，降低企业经营成本，增强企业盈利能力，以提升企业内源融资能力。并通过财政补贴、税收调节等手段，引导企业进行产业结构调整和升级。

首先，应取消政府税收收入的硬性增长指标。地方政府不应将财政税收收入作为硬性考核指标而不考虑当前的经济环境和中小企业的处境，应该树立扶持民营中小企业发展，以扩大经济产出总量来增加税收的观念，并取消对税务人员超额收税的奖励机制。

其次，继续推进中小企业的减税政策，降低中小微企业所得税税率。在降低整体税收负担的同时，还应对有发展前景的行业或企业实行差异化税收优惠政策，扩大税收优惠范围。例如，对于吸纳就业达到一定标准的中小企业，可以考虑给予更多税收优惠等。

(3) 完善间接融资体系。

①加快设立发展小企业信贷专营机构。加快设立发展小企业信贷专营机构是温州金融改革的一项重要内容。要有效地解决中小企业信贷难的问题，就应结合我国商业银行体系和民营中小企业的特点。我国国有

银行和股份制银行网点遍布全国城乡各地，渗透性强，所以应该发挥现有的金融服务网络的作用，对国有银行的机构进行整合创新，加快建立中小企业信贷专营机构，发挥其地缘优势、信息优势，为当地民营中小企业融资服务。

②改进信贷管理制度。银行应根据民营中小企业特点来制定信用评级制度，客观评估企业客户的信用等级。在企业财务报表之外，还要建立合理的软信息考察标准，如考察企业经营者的社会信誉，企业所在行业动态及前景等方面信息，并根据对企业信用评级及软信息的综合评估，来对企业的授信额度和等级进行动态调整。另外，在落实信贷业务人员风险管理责任的同时，运用激励机制调动业务人员积极性。

③加强金融产品和服务创新。就民营中小企业自身情况来说，确实存在着财务不规范、信息不透明、抵押资产缺乏等缺陷，但是银行可以通过金融产品和服务的创新，结合民营中小企业的特点，推出适合于这个企业群体的金融产品和服务。

(4) 推动适合民营中小企业的融资方式和融资工具发展及创新。在温州金融改革的方案中，明确提到了要支持发展面向小微企业和"三农"的融资租赁企业。前文也已提到融资租赁所具有的优势，非常适合作为民营中小企业的一个融资渠道。但是融资租赁业务在我国尚属于起步阶段，还存在社会认知度低、法规体系不健全、风险意识淡薄等问题。所以需要采取以下几点措施，促进融资租赁行业的健康发展。

①应完善金融租赁法律法规体系，加强监管。通过立法以及对融资租赁行业的风险管控，明确规定融资租赁市场准入和退出机制，切实保障中小企业的合法权益。

②加强融资租赁业务的宣传力度和专业指导。因融资租赁业务目前认知度不高，且专业性较强，中小企业在进行融资操作时，会遇到许多

专业性的问题,需要专业的指导。

③制定税收优惠政策,支持融资租赁发展。例如,采取加速折旧、投资减税等优惠措施,不仅可以调动出租方的积极性,而且税收优惠将使租金降低,从而惠及承租企业,促使融资租赁的更广泛应用,从而推动融资租赁行业的发展。

2.2 其他代表性地区案例研究

2.2.1 以吉林省为例

2.2.1.1 积极推进企业自身经济体制和经营机制改革,以符合社会主义市场经济的要求

吉林省作为东北老工业基地的重要组成部分,长期以来,为国家经济建设作出了重要的贡献。但是,随着时间的流逝、经济社会的不断发展进步,与其他地区相比,企业内部机器设备老化、技术水平落后、缺乏创新意识,导致产品市场竞争力下降,再加上市场化程度低、产业结构调整缓慢、所有制结构单一等因素,使得东北老工业基地区域内经济发展水平整体偏低,远远落后于后发展起来的东部沿海地区。为了顺应市场发展的变化,吉林省中小企业应当调整好自身的产业结构,在不断改造的过程中找寻突破口。企业应该加强自身的技术创新能力,增强产品市场竞争力,提高企业的经济效益。当前,吉林省的中小企业,在产业结构上仍然以传统产业为主,大部分中小型企业没有将高科技运用到生产中去。技术创新需要人才,因此更应该加强对企业人员的内部培训,提高员工的综合素质。与此同时,也应该采取有效激励制度,让员工体会到自己绩效反映在薪酬上的变化,从而提升员工对企业的认可度,留住人才,实现企业的稳定持续经营。这样也能使金融机构认识

到，给中小企业贷款，能够收到较为丰厚的收益，从而缓解企业融资压力。

2.2.1.2 推动中小金融机构快速发展，积极调动民间资本

吉林省大多数中小型企业位于县级或县级以下地区，中小型金融机构地方性特色比较浓厚，便于因地制宜采取小额信贷方式，具有"方便、快捷"的特点，符合中小型企业融资的要求。因此，中小型金融机构应当推出多样化的信贷方案供中小型企业选择。这样既能吸引客户，又能提高自身的业绩，还缓解了中小型企业融资压力。同时，也应该合理引进民间金融组织进入金融市场，以合法、规范的方式吸纳民间资金，弥补资金缺口。

2.2.1.3 加大政府的支持力度，完善相关法律法规

我国还处于社会主义市场经济建设的初级阶段，要想实现中小型企业融资方式向多样化转变，就必须需依靠政府与市场的双重调节，尤其政府的力量不容忽视。政府的有关部门可以借鉴发达国家的先进经验，加强对中小型企业财政投入，特别是金融投资。政府不仅要从金融资源分配上提供支持，还应当在产业政策上提供指导。吉林省金融监管部门应根据本省的实际情况，科学合理地确定本地商业银行贷款规模中应向中小型企业发放的比例。我国政府是服务性政府，这就要求政府在面对中小型企业融资问题时，要切实履行自己宏观调控的职能，以为人民服务为根本，积极提出对策，指导中小型企业应对在融资中出现的各种问题。目前在我国，只有一部《中小企业促进法》，这部法律是10多年前颁布的，远远落后于中小型企业的发展速度。要想推动中小型企业的平稳长久发展，就必须有一套与之相配的、完善的法律体系。这样，中小型企业在融资、发展过程中，若遇到问题，能有法可依，从多方面为中小型企业创造有序的运营环境。

2.2.2 以浙江省为例

2.2.2.1 选择适当的融资渠道

每一个企业都有自己的发展进程,都会经历创业初期、成长时期、成熟时期和衰退时期这四个时期,每一个时期企业对资金的需求状况不尽相同。当企业处于发展初期,其主要目标是开发市场,运用资金制造符合市场需求的产品。这时,企业需要的资金并不是太多。在新产品第一次进入市场时,竞争对手很少,可能也不存在同类产品,这是企业最具有发展的潜力的时期,此时最好的融资方式是内源融资,这样既减少了融资成本,又保持了企业的自主性,基本不存在资金缺乏的问题。当企业处于成长期时,它们已经具备了一定的生产能力、销售能力、商业信用和客户资源。消费者对产品认知度提高,开始对价格、质量、包装等方面进行综合的考量。与此同时,市场上开始出现同类产品,竞争压力加大,竞争范围不断扩大。企业如果想要满足消费者对产品求新要求、扩大经营生产、占据有利的市场地位,就必须提高产品的科技含量、提高产品知名度,这就需要比较多的资金。此时,仅仅依靠内源融资已经不再可能,因此应该选择其他外源融资的方式。以信贷融资为主、内源融资为辅的融资方式是比较合适的一种方案。同时,还可以尝试一些创新融资方式,如供应商融资、租赁融资、应收票据与存货抵押贷款等。在保证企业拥有安全经营权的同时获取更多的资金。当企业处于成熟期时,企业的经营管理制度和财务制度日渐完善,利润水平不断提升,知名度较高,信用评级的等级也比较高,企业的经营前景十分乐观。这时期,企业可以选择的融资方式是比较多的,外源融资和内源融资都是很好的融资方式,可以在继续选择前一阶段信贷融资方式的同时,尝试通过最低综合资金成本来制定融资战略,既可以使公司成本降到最低,又能给企业带来最大收益。目前,温州市已有多家中小型企业采取上市的方式进行融资，这是一个非常好的开端。但是，这种融资手法并不适用于所有的中小型企业，企业要不断探索符合自身实际情况的融资渠道，利用多种形式进行融资。中小型企业融资渠道的不断拓展，既能提高融资效率、降低融资成本，又能缓解企业内资金短缺的问题。

2.2.2.2 转变思想，消除"企业规模歧视"观念

金融机构应该有资源合理配置的意识，要认识到中小型企业的重要作用，认识到中小型企业也是自己的目标客户，贷款给中小型企业也同样可以获得丰厚的利润。况且中小型企业数量众多，在数量上拥有相当明显的优势，积少成多的利润也是相当可观的。与此同时，随着和谐社会的构建，大部分中小型企业也意识到诚信在生产经营活动中的重要性，金融机构应当积极地调查中小型企业的诚信状况，不应该像以前那样一听到是中小型企业就"敬而远之"。所以，金融机构应该以经济效益为出发点，打破以规模为标准的贷款成规，辩证看待传统融资，以长远眼光分配信贷资源。金融机构应当从实际出发，为中小型企业设立专门的融资服务机构，认真贯彻落实国家部署的推动中小型企业发展的相关政策与措施。

2.2.2.3 建立多样化融资渠道，引导社会资金流向

一部分发达国家的成功经验告诉我们，风险投资体系以及场外交易市场的发展，对"麦克米伦缺口"的治理明显有效。现今，我国的权益性资本融资发展落后，在一定程度上限制了中小型企业融资渠道。政府应放宽权益性资本融资的渠道，改变单一的融资渠道。同时，具有灵活性的私人资本市场能够在一定程度上克服信息不对称的问题。创业初期的中小型企业，资产规模小，财务审计工作难以进行，外源融资显得尤为重要。政府可以通过规范天使融资、风险投资等私人资本市场，使其对创业初期的中小型企业的外源融资发挥积极作用。政府也应当鼓励中

小型企业开展合法的民间融资。民间借贷往往是发生在熟人与亲戚之间。发生借贷前，贷款者必定对借款人的实际情况情况十分了解。借款后，贷款者也可以通过方便的方式及时了解借款人的现实状况。在这种情况下，"欠债不还"现象只是个例而已。加之，民间借贷由于借贷双方大多数存在私人关系，借款利率往往远远低于从金融机构贷款的利率，这样既降低了中小型企业的融资成本，又降低了风险，是一种双赢局面。2014年初，浙江省第十二届人大常委会第六次会议审议并通过了《温州市民间融资管理条例》。这是全国第一部专门用来规范民间融资的法规，为温州市民间融资的发展提供了法律保障。

2.2.3 以广东省为例

2.2.3.1 建立健全财务会计制度和管理制度，最大化利用已经拥有的资金

企业应重视内部积累，提高自身的综合实力。尤其是企业经营者，要不断提高自身的综合素养，掌握相关的融资知识和管理知识。与此同时，应加强企业各种信息的透明度，确保财务数据真实可靠，完善财务报告，减少信息不对称，建立起规范的财务体系。对企业实行统一标准化、规范化管理，便于与金融机构互换信息，以便银行进行准确、科学的资信调查，从而提高其资信等级。同时，企业要树立自身形象，增强信用意识。在中小型企业发展过程中，经营信誉是一种非常重要的无形资产，不仅在面对客户时非常重要，在企业融资过程中也会起到相当大的作用，是企业经营素质、职业道德的综合体现。中小企业应当树立信用观，不断加强诚信教育，建立属于自己的企业文化，以诚为本，及时地向相关当事人提供可靠、真实的财务信息，减少信息不对称。同时，要加强管理企业债务，防止资金链断裂，确保企业在金融各个机构中没有不良贷款记录，从而为企业建立良好的信用形象。

2.2.3.2 完善贷款流程和管理体制，提高信贷部门人员的综合素质

中小型企业对资金的需求具有"短、频、急"的特点。然而现阶段大部分金融机构信贷流程十分复杂烦琐，使得一部分中小型企业望而却步。金融机构可以对中小型企业进行信用评级，对一些资信状况良好的中小型企业可以放宽信贷条件、提供优惠服务，从而调动中小型企业对诚信融资的积极性，促进信贷业务的良性循环。与此同时，应该适当、合理地简化信贷手续，达到真正的便民利民。信贷收入作为所有金融机构收入的主要来源，有着极为重要的作用，因此作为信贷部门人员就要有较强的职业素养和道德理念。金融机构应加强对专门从事信贷业务人员的内部培训，提高其专业素养，并且制定合理有效的绩效考核制度，让业绩与员工的切实利益相挂钩，增加员工的积极性。

2.2.3.3 大力推动社会信用体系建设，完善中小企业信息库

企业的运行和发展离不开社会的大环境，社会良好的信用体系的建立，会推动企业信用的良性发展。2015年中，广东省政府印发了《关于创新完善中小微企业投融资机制的若干意见》，提出要建立"信用信息和融资对接平台"，为推动社会信用建设和企业征信工作制度提供了有力支撑。这有利于创造一个良好的社会信用环境，消除企业与金融机构之间存在的信息不对称的问题，减少金融机构对中小型企业进行贷款时的顾虑，使资金流向中小型企业。同时，政府应促进信用担保体系建设，鼓励互助性担保机构的发展。互助性担保机构一般由当地的工商联合会作为发起人，金融机构积极协助，会员企业互助联合、小额入股，进行自我服务、自担风险、自我管理。这样做就减少了信息不对称性。分散、实力薄弱的中小型企业可以借此联合起来，在向金融机构贷款时，可以争取到相对优惠的条件。在此基础上，当地政府只是这一担保机构的监管者和服务者，不可以干预企业的日常经营活动，这就保证了

企业的自主性。政府应当推动中小型企业政策性担保、互助性担保、商业性担保共同、协调发展，帮助中小型企业走出融资难的困境。

2.3 中国式治理经验分析

通过对上述三省"麦克米伦缺口"的实际治理情况，我们可以分析得出"麦克米伦缺口"的中国式治理经验。

第一，企业的自我完善有利于帮助自己走出融资困境。各省中小型企业努力加强对自身企业文化的建设，明确信用观念，有效提高了企业的信誉水平。并且，对财务管理有了深层次认识，加强了对企业内部财务部门和管理部门的建设，保证企业财务信息的真实性和决策的合理性。与此同时，注重将企业发展的信息传递出去，主动公开自身的经营状况等信息，借以消除与金融机构之间的信息不对称。企业还应通过不断自身的努力，提高企业的经济实力。各省中小型企业通过对自身的不断完善，使内源融资和外源融资的前景日趋明朗。由此观之，想要解决"麦克理论缺口"，离不开企业的自立自强。

第二，社会信用环境仍然较差，金融机构对中小型企业仍存在"歧视"。各地虽然为中小型企业建立了信息平台等以推动信息交流，但是成效不大。金融机构固有的传统思想，仍然认为对大型企业进行融资是比较保险的，中小型企业虽然着力加强提高自身信用，但是金融机构对中小型企业的偏见尚未消除，不愿对中小型企业进行融资，由此陷入了死循环。要想解决这一问题，首先需要金融机构给予中小型企业一些机会，这样才能让他们为自己证明。并且，想要改善社会的信用环境，绝不是一两日之功。所以，解决"麦克米伦缺口"也会是一项漫长的工程，不能操之过急。

第三，政府对市场的宏观调控对于缓解"麦克米伦缺口"具有重要意义。吉林省、温州市和广东省均出台了相关有效的法规，用来规范金融市场。出台有关扶持中小型企业的法规，有利于为中小型企业的发展提供保障；出台规范民间信贷的法规，有利于为中小型企业拓宽融资渠道；出台有关建立中小型企业信息平台的法规，有利于消除中小型企业与金融机构之间的信息不对称。事实说明，这些法规的出台，有力地打击了非法的金融市场，规范了金融市场的秩序，进而为中小型企业融资提供一个良好的金融环境，缓解了中小企业融资难的压力。可见，想要解决"麦克理论缺口"，绝对离不开政府的大力支持。

第3章 民间资本有效对接"麦克米伦缺口"的法金融制度安排

3.1 民间资本有效对接"麦克米伦缺口"的基础性制度构建

3.1.1 利率市场化

利率市场化,即利率水平的制定取决于市场供给,有利于促进金融市场资源的优化配置,改善市场效率;而对利率进行管制则容易催生金融抑制。在温州金融改革实施的过程中也可以发现,在利率市场化没有取得突破的情况下,民间资本和民营中小企业的融资需求实际是很难形成对接的。

在利率市场化方面,我国过去也推出了许多改革政策,但离市场化的最终目标还有一定的距离,下一步的改革还要使利率更能够发挥其经济运行调节杠杆的作用。

本书认为,贷款利率市场化会使中小企业从商业银行获得贷款的过程中,逐步由被动转主动,这是因为:首先,利率市场化将使银行信贷向中小企业倾斜。如果贷款利率市场化,大企业就可利用自身的优势通过和银行谈判降低贷款利率,银行将很难再从对大企业的贷款中获取高利差。同时，对于风险较大的民营中小企业客户，银企双方可以形成相对较高的利率条件，有利于资金的高效率配置。其次，利率市场化将吸引民间资本进入正轨金融领域，增加资金供给。实施利率市场化后，存款利率管制放松，相对较高的存款利率，将有利于引导民间资本进入银行系统。一方面增加了信贷资金的供给；另一方面提供了民间资本的投资渠道，降低了民间金融的风险。

从银行角度而言，利率市场化可提高各银行的金融创新能力，使银行的经营发展更稳健。

3.1.2 信用评级制度设计

"十三五"开局之年，我国经济形势发生了很多新变化。经济发展总体进入新常态，国企改革加快进行，经济转型势不可挡，科技创新和万众创业蔚然成风。经济增长引擎也将更加多种多样，从原来依靠"巨无霸"型的高产能企业转变为越来越依靠中小企业的发展。但当下中小企业发展仍面临诸多障碍，其中最为普遍的便是融资难。

伴随着金融体制改革的进行，提高投资人保护水平也愈发显得重要。为解决中小企业融资难的问题，同时又保护投资人的权益，就需要有效地解决信息不对称的问题。而在解决信息不对称问题上，国际上的主流做法，也是目前最为有效的做法是建立完善的针对中小企业的信用评级体系。我国目前尚无完善的中小企业信用评级体系。

由此看来，目前迫切需要在我国建立起针对中小企业的与传统商业银行和评估机构的评估系统不同的信用评级体系。在理论上就很有必要研究一下建立中小企业信用评级体系是否能提高投资者保护水平，以及两者之间到底是什么关系。

研究中小企业信用评级体系和投资者保护水平的关系之前，非常有必要对两者的概念进行界定，从本质上理解两者的内涵，才能合理地量化两个概念，正确地分析两个变量的关系。本书在第二章界定了两者的概念，两个概念之间的某种关联关系必然需要相关理论的解释和支持。同时，也阐释了建立中小企业信用评级体系和加强对投资者保护的理论依据，分别是代理理论和信息不对称理论。

本书中小企业信用评级体系变量，是通过建立一个综合评定模型获得的。这个模型既包含了可以直接通过财务数据进行量化的指标，也含了需要经过专业人员评估的定性指标。在选取评估指标方面，选定了不同于评估大中企业的传统商业银行或评估机构的评级指标，即专门针对中小企业的评级指标。通过评估模型得出了样本公司的评估结果。通过评估结果这一中间变量，又做了评估结果和样本公司所在地区投资者保护水平的相关性分析。地区投资者保护水平的研究和测量是选取柳建华和魏明海在2013年发表的数据，利用SPSS软件，用实证研究的方法论证了中小企业信用评级体系的建立和投资者保护水平之间具有正相关关系。进一步论证了建立中小企业信用评价体系的重要性。对解决目前中小企业融资难的问题，以及保护投资者利益具有理论和实践的价值。

3.1.2.1 相关理论基础

（1）基本概念界定。

①中小企业信用评级体系。信用是市场经济发展到某个程度后产生的结果，是现代金融体系中不可缺少的一环。企业的信用具有双层含义，含义的范围有大小的区分。小范围上企业信用指的是企业对于欠款按照约定期限归还本金支付利息的能力；大范围上企业信用还包括企业是否能够遵守工商、税务等有关部门的规章和相关法律法规，执行所签订的合同上的条款，以及偿还或有债务等方面的情况。

信用评级是对信用风险的估计和测量。信用风险是由合约的不完备性以及合约人出于机会主义的想法进行投机行为而产生的。如果能在合约签订时尽量减少双方在信息持有量上的不一致和差异，则对降低由信用而产生的风险是十分有益的。而信用评级恰恰能够降低交易双方在合约中信息持有量的差异,从而减少双方的交易代价和成本,客观上也能贡献于信用风险的降低。

本书认为,信用评级是由一个独立客观的有别于交易双方的第三方专业评级机构或部门受托对评级对象实施的,按照一定原则,在相关法律法规和制度及相关规范性条例和办法以及指导意见的基础上,采用科学的顺序,通过横截面比较和综合评价同等级的事项进行调查,审查和确定其可信任水平的能力,以一个简单的、直白的符号(如AAA,AA,BBB等)表达出的评价结果,公布评估区域的行为和方法。

②投资者保护水平。投资者保护是资本市场发展的关键因素。当前的学术领域没有关于投资者保护概念和定义的相对一致的看法和观点。越来越多的学术研究从不同视野出发已经修正,并从不同的角度补充了"法与金融"理论提出的投资者保护法律的内涵和外延。

投资者权益是否受法律保护以及被法律保护到何种地步,是资本市场发展的最关键因素。但是,当代学术上对投资者保护的概念还没有达到同样的理解。更加多的学术研究表明,在国家层面的法律以外,金融市场的监管,区域环境管理和个体层面的公司管理风格也会对投资者保护的水平产生影响[①]。

投资人保护是由宏观层面的法律、金融监督管理机构和各地政府制定的以及相关中介组织和企业共同打造的一系列的制度规定,来禁止公司以外投资人员的权利被公司内部管理者违法妨害和影响。影响投资者保护水平的各种因素之间相互关联,相得益彰。首先,健全法律体系可以降低市场主体之间买卖的成本,保护投资方的权益,可是法律内在的不完善性使得金融市场监管具有了施展功效的空间,中介组织还可以补充法律和金融监管机构的不足,提高公司信息披露详细、充分的程度。

---

① 柳建华,魏海明. 投资者保护的内涵与分析框架 [J]. 中山大学学报,2010 (3).

其次，国家机关的意愿将影响制定和实施相关法规及金融监督管理制度，即使国家机关通过建立适当的规章制度和金融监督管理机构，保护投资者的利益，健全金融监督管理体系，从而促进经济和资本市场的稳定持续发展；然而，很可能有对政治因素或个人好处的考虑，立法和金融监督管理仍将可能会让投资者的保护程度急剧降低。反之，如果法律和市场调节趋于完善，当地政府部门和人员侵犯投资者权益的举动将受到限制。最后，在某些情况下的国家体制环境，个别企业层面可通过提高企业管理制度的水平，改善管理方法，势必能满足规模较小公司的融资需求，降低其融资成本，同时缓和理性经济人行为下的信息不完全对称的困境。基于以上分析，本书提出了投资者保护的分析框架，如图3-1所示。

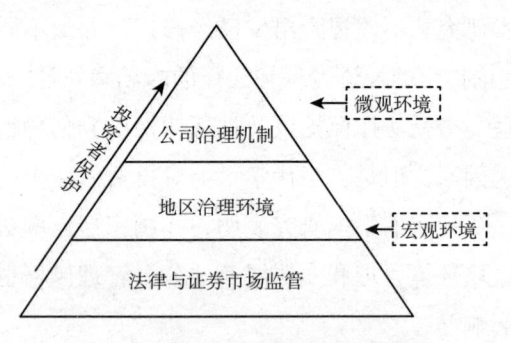

图3-1 投资者保护水平分析框架

（2）相关理论基础。

①信息不对称理论。中小企业融资难的问题实质上是信息不对称问题。融资主体本身的财务状况和经营能力、获利能力无法有效地传达到投资主体，投资主体出于风险、成本等因素考虑，也将排除此类投资项目。

所谓信息不对称理论（information asymmetry），是指在社会政治、经济等活动中，某些参与者拥有其他参与者没有办法获得和占据的信息，由此造成信息的不对称，可能导致市场交易地位和关系以及契约规定的不公平或者市场效率不高的问题。在市场经济活动中，各类参与者持有不同的相关信息。获得和占据信息比较充分的参与者，经常能站在比较优势的位置，而信息不足的参与者，则站在相对劣势的位置。不对称信息可能导致反向选择（adverse selection）。

信息不对称理论也并没有像自由市场理论那样历史悠久，在亚当·斯密推崇自由市场理论的时候，所有人都认为在完备和自由的市场中，每个参与者的地位是一样的，大家都在平等的基础上进行交易，却没有考虑到每个人所获得和本来拥有的信息是不一样的。

信息不对称使得在市场中进行交易的双方权益产生了不平等，破坏了社会的公平、公正的原则，降低了市场配置资源的效率，也有学者研究出一些弥补这一问题的对策。但是，信息经济学是以现实存在的经济现象为依托，利用实证研究的方法得到想要的结果，真正能解决问题的策略还尚未研究成熟。比方说，买方对于自己所购买的商品的信息肯定比不上卖方了解得多，所以，卖方总是能够依其本身具有的信息优势获得额外报酬。本该平等的买卖关系也因为各自所了解的不同的信息转化成了地位不平等的委托代理关系，买卖中代理人方面占据较多的信息，而委托人方面则处于信息劣势，买卖双方表面进行的交易活动实质上是循环不断的信息博弈。

在信息占有方面处于优势的人在交易中也处于优势，这实际上形成一种"信息租金"，而"信息租金"又是连接各个买卖环节的纽带。各个行业实质上都可以看成是一个特色信息的专门组合，古语有云，"隔行如隔山"，每个行业的特色信息不同，也就使得外行人看到的"山"实际上就是信息门槛，是产生不对称的原因，而想得到此类信息必须付出一定的成本。各自持有的信息在质和量上的不同能够被认为是由于信息投入的不对等产生的，消费者一般不会对商品如原料信息等投入一定的代价，这也就跟生产者产生了信息投入的不均等，生产者利用信息投入优势获得利润正好能够补充之前多付出的信息投入。它的本质依然是资本增值在另外一种层面上的表现。

在实践中，信息持有量不同的现象已经相当普遍地存在于日常经济活动中，并且对经济行为和经济后果产生了相当大的影响，甚至可以说已经影响了，或者说降低了市场配置资源的效率，使得占有信息优势的一方在交易中能够取得许多额外的利益，产生了信息不对称的双方地位也不平等。

②委托代理理论。詹森和麦克林在1976年提出了委托代理理论。信息不对称和有限理性的存在，产生了外部股东和内部管理者之间的代理问题。公司内部管理人员出于满足个人私利等目的，非常可能不会按照当时和外部所有者契约约定来管理公司的运作，甚至滥用公司资源，让公司的行为从利润最大化的目标逐步转化到牺牲股东利益为代价的方向上来。在投资者保护较弱的情况下，管理不会一直按照最大化股东的利益这一准则来行事，从而导致代理成本的产生。

在制度经济学的理论范畴中，委托代理理论是其核心"契约理论"的基本内容。整个体系中，代理关系的定义是指几个行为主体依照一个明确的或暗含的契约，派任或聘用另一些行为主体为其提供劳务，与此同时给予后者相关的决策权利，并按照后者提供的服务数量以及质量对其支付相应的物质或财务回报。授权者是委托人，被授权者其实就是代理人。

根据委托代理理论的核心观点，委托代理关系的产生是由于生产力的巨大发展和社会化大生产的深入展开。起因一方面是由于生产力发展导致社会分工更加细化，本该管理的人员由于诸多原因解放出来可以从事其他效用更高的活动；另一方面由于分工的细化，一些具有更为专业知识和技能的人才应运而生，他们更有时间和才能管理好受托的代理权利。并且在委托代理关系中，因为委托人和代理人各自的效用偏好存在不同，委托人追求的是个人利益最大化，同时代理人追求的是自己的财富、声誉以及非工作时间最大化，这就肯定会使得两者的利益产生不同。缺乏有效的相关规定，就非常有可能发生代理人忽视委托人的要求，发生有害于委托人的事情。而整个社会，包括经济领域和其他领域都普遍存在委托代理关系。

一般情况下，解决内部管理者和外部投资者目标不同，预防过高的代理代价形成的办法，有以下两种：

①监督。双方所拥有的不对称信息造成了内部经营者和外部投资者的决裂。而投资者为减少对本身权益的伤害，就要多获得信息，并且严密监督内部管理者代理自己行使权力，如果本应属自己的权力被滥用，就可以想尽办法惩罚管理人员。

然而，妄图全方位全天候地进行监督是不切实际的。全方位全天候的监督必然会支付大量的金钱和精力，会形成不必要的浪费。所以投资者补充信息以及监督管理者行使权力是毋庸置疑的，但也并不是监督的力度越大越好，而是根据成本因素的存在性，权衡出一个监督力度的最佳点。

②激励。解决内部管理者和外部投资者目标不同，预防过高的代理代价形成的另一个办法是采用激励计划，让管理者在公司经营业绩好时共享一部分公司收益，这也能使管理者更有动力来实现投资者的目标。

一般情况下公司的所有者会同时采用上述两种方法，双管齐下，既监督又激励。但即便这样也不能使外部投资者和内部管理者目标完全趋于一致。因为监督成本、激励成本和偏离股东目标的损失之间，此消彼长，相互作用。所以公司所有者就要权衡轻重，力求能够找出使三项之和最小的解决方法，它就是最佳的解决办法。

3.1.2.2 研究设计

（1）提出假设。从中小企业信用评级体系的定义以及投资者保护水平的分析框架上来看，中小企业信用评级体系的建立属于投资者保护水平分析中的宏观层面因素。并且中小企业信用评级体系的建立能够有效解决投资主体和融资主体以及公司外部股东和内部管理者的信息不对称问题，从而进一步减少代理成本，保护投资者利益，提高投资者保护水平。

基于以上概念界定以及相关理论回顾，本书作出如下假设：中小企业信用评级体系的建立能提高投资者保护水平，因此两者具有正相关关系。

（2）样本选择与数据来源。

本书以2010~2014年披露了财务信息的创业板上市公司为取样范围，并且根据中小企业的定义，筛选出符合中小企业定义的上市公司，依据数据的可得性剔除了部分财务数据缺失的中小板上市公司。

本书共选取30家上市公司，数据均来自巨潮资讯网，均为手工采集，虽经过数次核对，但难免出现数据采集过程中的失误和误差。所以在相关性分析时剔除了少量异动样本。

由于水平有限，投资者保护水平的测算和度量是直接引用中山大学魏明海教授2013年的研究成果，截取其中关于各省市投资者保护水平的量化。

（3）模型设计与变量解释。本书借鉴了定性指标与定量指标相结合的综合评估模型，选定了相对于传统银行或评估机构评估大中企业所不同的、专门针对中小企业的评级指标，得出了样本公司的评估结果。

目前中国的中小企业基本都属于初创阶段，经营模式尚未成熟，还没有形成一套独特的，足以应对各种经营风险的经营模式。所以中小企业的信用很大程度上受到经营风险的影响。并且当今科学技术迅猛发展，市场瞬息万变，目前流行的产品可能在转瞬间就被新产品淘汰，导致中小企业失去了创立伊始主攻的市场，从而失去生存能力。而且中小企业规模较小，没有大型企业"尾大不掉"的弊端，也就是说中小企业在发生违约时"跑路"极其便利。以上种种都造成了中小企业的非财务指标，即定性指标对规模较小的企业的信用评估影响很大。

综上考虑，定性指标从与企业经营风险相关的企业素质、发展前景、违约状况三大方面进行分析。

企业素质说的是企业的概况和综合声誉。发展前景方面，主要注重企业近期和远期发展战略、计划及相应举动，所处行业地位、市场竞争能力和应变能力及发展趋势，并且重点考察行业景气状况对企业的影响以及企业创新能力情况。违约状况方面，公司违约状况不仅反映公司的偿债能力，同时也客观反映公司的偿债意愿。选取主要的指标为公司还款情况和公司纳税情况。

定量指标方面，目前中国实行的针对大中型企业的评估模型运用就相对完善。可以根据中小企业的特点，从中挑选出适合中小企业的财务指标，即定量指标。

按照已经成熟的评估系统，以及财务分析的经典观点，选取的定量指标主要是那些能够反映企业偿债能力、营运能力以及盈利能力的财务指标。这也可以参照现存的信用评估系统进行选取。而评估尚处于初创阶段，规模相对较小，但发展前景广阔的公司，即中小企业，更应注重企业成长能力的分析和预测。

而目前，考虑企业的成长能力，主要是从公司每年的资产和利润的增长率上考虑。因为目前初创的小企业正处于规模迅猛扩大、盈利能力层层攀升的阶段。目前的中小企业信用如果从资产和利润的绝对值上考量，还很值得怀疑，那么随着短时间内企业资产和盈利的迅猛攀升，信用状况将大大改善。所以我们要有耐心和希望，给这类中小企业留足成长的空间和时间。因此，成长能力分析也相当重要。

由于每家公司公布的财务数据有差别，虽然有证监会规定的披露规则，但在规则下每家企业都有自己的披露风格和习惯，并不是每家企业都搜集得到相同的财务数据。而且，有些财务指标之间相关性较大，虽然形式不同，但基本反映的内容相似，如流动比率和速动比率。本书也出于数据的可得性，提出相关系数较高的财务指标，最终得出以下财务指标，并且和之前分析的定性指标结合起来，形成了一个评估中小企业信用的指标体系，如图3-2所示。

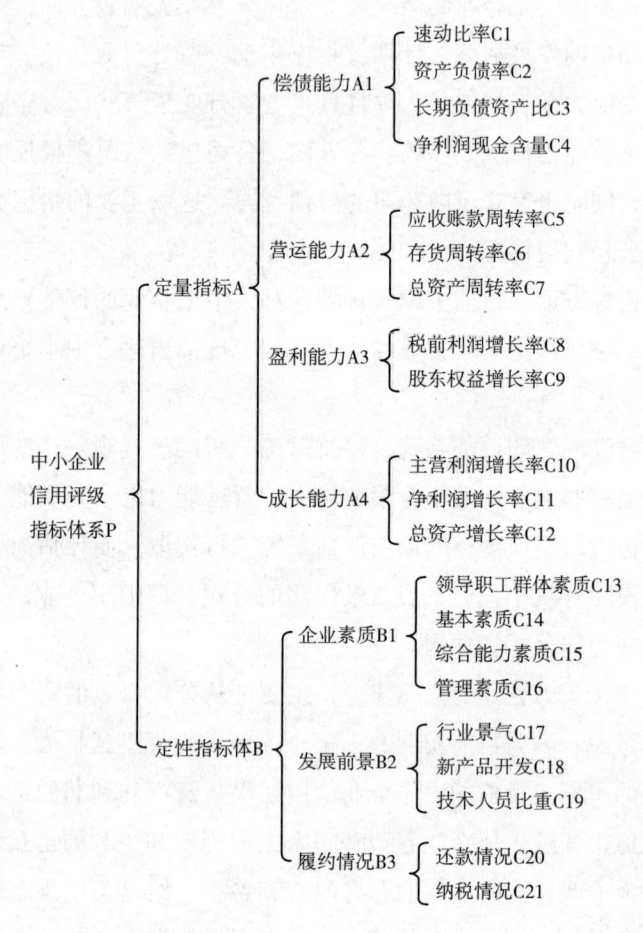

```
                                    ┌ 速动比率C1
                        偿债能力A1 ─┤ 资产负债率C2
                                    │ 长期负债资产比C3
                                    └ 净利润现金含量C4

                                    ┌ 应收账款周转率C5
                        营运能力A2 ─┤ 存货周转率C6
            定量指标A ─┤              └ 总资产周转率C7

                        盈利能力A3 ─┤ 税前利润增长率C8
                                    └ 股东权益增长率C9

中小企业                              ┌ 主营利润增长率C10
信用评级 ─┤              成长能力A4 ─┤ 净利润增长率C11
指标体系P                             └ 总资产增长率C12

                                    ┌ 领导职工群体素质C13
                        企业素质B1 ─┤ 基本素质C14
                                    │ 综合能力素质C15
                                    └ 管理素质C16

            定性指标体B ─┤            ┌ 行业景气C17
                        发展前景B2 ─┤ 新产品开发C18
                                    └ 技术人员比重C19

                        履约情况B3 ─┤ 还款情况C20
                                    └ 纳税情况C21
```

图3-2 中小企业信用评级指标体系

对于定性与定量相结合的多指标的综合评级系统，就是通过一定的数学模型把多个评价指标组合成一个整体性的综合评价值。本书参照李

芳 (2009) 的模型①,运用加权综合法设计了中小企业信用综合评价模型。模型中的 x_i 是第 i 项评级指标的信用得分,那么受评中小企业的综合企业信用得分为:

$$y = \sum c_i x_i$$

①确定定量指标 x_i。定量指标是根据收集到的企业正式对外公布的财务数据来采集的。又因为各个企业发展差异化相当之大,以及数据量纲等因素的考虑,需要对采集的原始数据进行进一步标准化处理,本书按照功效计分法进行处理。

首先查找样本公司公布的 2010～2014 年的财务数据,得到定量指标的实际值 a_i,然后根据简单移动加权平均,即越新的年份权重越大的方法求出均值,再用功效计分法算出该指标的实际得分值 x_i。

中小企业都是成长性较强、发展迅速的企业,随着时间的推进,公司的状况不断地发生着变化。所以,越新的年份越能反映公司目前的实际情况,因此年份越新权重应该越大。

又因为本书所选数据为 5 年,要把 100% 的权重分配到 5 年间,所以 5 年的数据按照 0.5、0.4、0.3、0.2、0.1 的权重分配较为合理。2014 年数据最新,故权重为 0.5;2013 年次之,权重为 0.4,并以此类推,2012 年、2011 年、2010 年的权重分别为 0.3、0.2、0.1。

则定量指标实际值:

$$a_i = 0.5a_{i1} + 0.4a_{i2} + 0.3a_{i3} + 0.2a_{i4} + 0.1a_{i5}$$

功效计分法,即按照指标实际值所作的贡献确定分值。以指标的行业最佳值为 100 分,以行业的平均值为 60 分,计算公式为:

$$x_i = 100 - 40 \times (行业指标最佳值 - a_i)/$$
$$(行业指标最佳值 - 行业指标平均值)$$

---

① 李芳. 中国中小企业信用评级指标体系研究 [D]. 西南财经大学,2009.

②确定定性指标 x_i。在综合评级模型中，定性指标的量化将不能根据现成的财务数据或其他相关数据，而是采用综合分析判断法进行评分。这就需要专业和成熟的评估机构或评估人员具有科学的工作原则和独立的第三方地位，保持客观公正，有良好的职业素养和专业知识技能，凭借这些知识和经验，对综合评级体系中定性指标的测定在深入广泛的研究和分析之后，结合其他相关因素，综合考虑、评判各类影响中小企业信用等级的非量化因素，参照评价参考标准，并以此形成评价结果，得到评价分数。

在取得定性指标信用得分分值 x_i 后，再按照综合评级模型，求出该受评中小企业的信用分值，再根据信用分值与信用等级的对应关系即可得到该受评中小企业的信用等级。

但由于笔者并非是有着深厚的专业素养和实务经验的专业评估人员，立场也不是能够保持独立客观公正的第三方，所以在定性指标量化得分方面，将无法在后续的实证研究中体现。只能做规范化的理论分析。因此，本书后续的实证研究以及最后得出的各家企业信用得分，都是指没有定性指标考量后的得分。而定性指标的影响只能在模型设计时，也就是说在模型进行评估前说明影响及重要性，并在实证研究结论得出之后补充说明。由于本模型的定性指标所占比重已经足够说明样本企业的信用等级，且最后得出的研究结果的显著性也足够支持假设，所以定性研究的部分也将在最后的建议和对策中着重补充说明。

③确定指标权重。本书在确定各指标权重时，依然是参照李芳（2009）的模型，通过矩阵和一致性检验后得到的指标权重，挑选出本书需要的指标权重如下：

定量指标权重：

$C_1 = 0.153$，$C_2 = 0.195$，$C_3 = 0.067$，$C_4 = 0.040$，$C_5 = 0.042$，$C_6 = 0.023$，$C_7 = 0.076$，$C_8 = 0.094$，$C_9 = 0.047$，$C_{10} = 0.078$，$C_{11} = 0.142$，$C_{12} = 0.043$

定性指标权重：$C_{13} = 0.036$，$C_{14} = 0.018$，$C_{15} = 0.072$，$C_{16} = 0.018$，$C_{17} = 0.230$，$C_{18} = 0.127$，$C_{19} = 0.070$，$C_{20} = 0.286$，$C_{21} = 0.143$

3.1.2.3 实证检验结果与分析

按照前面设计的综合评级系统模型 $y = \sum c_i x_i$，以及所选取的剔除异动样本后的 26 个样本公司财务数据和确定的指标权重，得到样本公司评价得分（见表 3-1），源数据见文后附录。

表 3-1　　　　　　　　　样本企业信用得分统计

股票代码	公司名称	所属地区	评价得分
002002	江苏琼花	江苏	6.0878673
002004	华邦制药	重庆	4.7784936
002007	华兰生物	河南	7.37
002009	天奇股份	江苏	5.87
002011	盾安环境	浙江	6.8347273
002012	凯恩股份	浙江	6.2008415
002013	中航精机	湖北	7.5600673
002016	威尔科技	广东	43.2039444
002022	科华生物	上海	6.2683075
002026	山东威达	山东	4.1415353
002030	达安基因	广东	5.4712932
002031	巨轮股份	广东	7.723672
002038	双鹭药业	北京	9.2833151
002041	登海种业	山东	23.914014
002046	轴研科技	河南	29.880145
002057	中钢天源	安徽	28.812776
002066	瑞泰科技	北京	12.541264
002070	众和股份	福建	15.981715

续表

股票代码	公司名称	所属地区	评价得分
002073	青岛软控	山东	16.830393
002074	东源电器	江苏	12.247563
002086	东方海洋	山东	15.571087
002089	新海宜	江苏	10.069605
002100	天康生物	新疆	16.566072
002111	威海广泰	山东	25.160608
002113	天润发展	湖南	16.275128
002115	三维通信	江苏	20.505962

资料来源：巨潮资讯网及 excel 加工。

为了与按省份分类汇总的投资者保护水平相匹配，达到能进行相关性分析的口径，将表 3-1 的数据按省份分类汇总，其中重复出现的省份，如江苏进行简单算术平均得到汇总数据，如表 3-2 所示。

表 3-2　　　　　样本企业省份信用得分汇总

省份	信用评级得分
江苏	8.569621
重庆	4.778494
河南	18.62625
浙江	9.686243
湖北	7.560067
广东	18.79964
上海	6.268308
山东	17.12353
北京	10.91229
安徽	28.81278
福建	15.98171
新疆	16.56607
湖南	16.27513

根据魏明海教授的 2013 年中国上市公司投资者保护测度与评价中省份投资者保护水平得分,筛选出上述中小企业所在的地区,得到如表 3-3 的数据。

表 3-3　　　　样本企业所在省份投资者保护水平得分汇总

省份	投资者保护水平得分
江苏	59.59
重庆	57.47
河南	59.4
浙江	60.96
湖北	61.21
广东	61.61
上海	58.86
山东	59.7
北京	61.96
安徽	59.91
福建	60.34
新疆	61.57
湖南	60

资料来源:柳建华,魏海明,刘峰. 中国上市公司投资者保护测度与评价 [J]. 金融学季刊,2013,7 (1).

最后利用 SPSS 软件,对评级结果和投资者保护水平两个变量进行了描述性统计分析,可以得出所选取样本的进本情况;最后做了两个变量的相关性分析,可以从统计分析的角度得到两个变量的相关关系。所得出的统计分析结果如下:

(1) 描述性统计分析。由表 3-4 可知,样本企业所在的各个省份投资者保护水平均值为 60.1985,标准差为 1.26539,相对分布较集中,各省份投资者保护水平差异相对不显著。而样本企业的信用评级得分均值为 13.8431，标准差为 6.66396，相对分布分散，各公司信用评级得分差异显著。

表 3-4　　　　　　　　　　　描述性统计量

		Statistic	Bootstrap[a]			
			偏差	标准误差	95% 置信区间	
					下限	上限
投资者保护水平	均值	60.1985	0.0032	0.3465	59.517	60.8574
	标准差	1.26539	-0.07066	0.23181	0.77195	1.63831
	N	13	0	0	13	13
评级结果	均值	13.8431	-0.0511	1.7747	10.2495	17.3014
	标准差	6.66396	-0.42945	1.26426	4.01329	8.67370
	N	13	0	0	13	13

注：a 除非另行注明，Bootstrap 结果将基于 1000 Bootstrap samples。

(2) 相关性分析。分析结果显示两个变量的相关系数为 0.439，造成此结果的原因可能为手工采集的数据有误差或者衡量样本企业所在省份的投资者保护水平测度的准确性有待提高。但在现有研究水平和研究条件下，相信能得到 0.439 的相关数据已经能够说明两个变量之间的正相关关系（见表 3-5）。

表 3-5　　　　　　　　　　　相关性

			评级结果	投资者保护水平
评级结果	Pearson 相关性		1	0.439
	显著性（双侧）			0.432
	N		13	13
	Boot 偏差		0	-0.022
	strap[c] 标准误差		0	0.303
	95% 置信区间	下限	1	-0.455
		上限	1	0.717

续表

		评级结果	投资者保护水平
投资者 保护水平	Pearson 相关性	0.439	1
	显著性（双侧）	0.432	
	N	13	13
	Boot 偏差	-0.022	0
	strap^c 标准误差	0.303	0
	95% 置信区间　下限	-0.455	1
	上限	0.717	1

注：** 表示在 0.01 水平（双侧）上显著相关；* 表示在 0.05 水平（双侧）上显著相关。c 除非另行注明，Bootstrap 结果将基于 1000 Bootstrap samples。

3.1.2.4 研究结论及对策

（1）研究结论。实证研究结果表明，中小企业信用评级体系的建立与投资者保护水平之间具有正相关关系。从开篇介绍的信息不对称理论和代理理论中，该结果亦能得到规范性分析。

首先，信用评级是对信用风险的估计和测量。信用风险是由于所签订的契约设计的不够完善以及签订契约的双方有冒险倾向及投机的意愿而产生的，如果能在合约签订时尽量减少双方信息持有量的差别，就会十分有利于降低违约风险。信用评级能够降低合约双方买卖的代价和花费，减小信息不对称，从而对违约风险具有弱化作用。而目前，我国还没有针对中小企业完善和成熟的信用评级体系。

从信息不对称理论上来讲，信息持有量的不均衡造成了市场买卖双方的权益和地位发生差别，影响社会的公平、公正的原则以及市场配置资源的效率。信息持有量较多的人在买卖时能够获得相对高于信息持有量少的人的地位，而要获得这些信息是要付出成本和代价的。同时，由于中小企业这一融资主体本身的财务状况和经营能力、获利能力无法有效的传达到投资主体,投资主体出于风险、成本等因素考虑,也将排除此类投资项目。不仅造成了中下企业不容易融资,而且还会损害投资者的利益。

此外,根据委托代理理论,信息不对称和有限理性的存在,导致外部投资者即股东和内部管人员之间代理问题的产生。公司内部管理人员处于满足个人私利等目的,非常可能不会按照当时和外部所有者契约约定来管理公司的运作,甚至滥用公司资源,让公司的行为从利润最大化的目标逐步转化到牺牲股东利益为代价的方向上来。在投资者保护较弱的情况下,管理人员不会一直按照最大化股东的利益这一准则来行事,从而导致代理成本的产生。而针对中小企业的信用评级体系一旦建立并有效地实施起来,将会明显地解决信息不对称问题,从而增加外部投资者的信息,而这些信息对于外部投资者来说,将会增加他们与中小企业内部管理者在信息博弈中的筹码,降低代理成本,保护投资者的利益,也将最终有益于提高所在地区的投资者保护水平。

(2)对策及建议。目前,中国尚未建立起完善的专门针对中小企业的信用评级体系。解决中小企业融资难,提高投资者保护水平,完善金融市场和金融体制都是不可忽视的大问题。因此,建立中小企业信用评级体系的价值可见一斑。本书就建立中小企业信用评级体系,有利于提高投资者保护水平这一研究结论提出以下建议。

①加快系统研究和相关配套设施的建立,加快推进中国特色的中小企业信用评级体系的建立。一个完善的信用评级系统需要有针对性的、独特的、全面的评价指标以及完善的科学的评价系统和规则,所以,建立一个完善的信用评级系统,需要相关研究的支持及理论的创新与突破。此外,一个完善的评级体系也绝不是仅仅一个模型或者一套方法,需要相关配套的设施辅助执行,才能真正地发挥系统的效用。所以,推广具有针对性的中小企业信用评级体系,必须要有与之相对应的配套改

革措施,来服务于创新机制的应用和实施,既解决中小企业融资难的问题,又提高投资者保护水平,一举两得。

②评级体系要注重中小企业的定性指标。中小企业有别于经营模式已相当成熟的大型企业,尚处于初创成长期,还没有形成一套独特的,足以应对各种经营风险的经营模式。所以,中小企业的信用很大程度上受到经营风险的影响。当今科学技术迅猛发展,市场瞬息万变,目前流行的产品可能在转瞬间就被新产品淘汰,导致中小企业失去了创立伊始主攻的市场,从而失去生存能力。而且中小企业规模较小,没有大型企业"尾大不掉"的弊端,也就是说中小企业在发生违约时"跑路"极其便利。以上种种都造成了中小企业的非财务指标,即定性指标对规模较小的企业的信用评估影响很大。

评估中小企业信用要着重考量企业整体素质,包括企业文化、管理风格、领导人个人专业素质及道德素养、公司发展前景、发展战略以及宏观经济形势等因素。这样的评级体系才更适合规模相对较小的企业,才会更加科学。如此,外部投资者才能更准确地了解公司信息,才能提高投资者保护水平。

③加强金融监管机构的监管。中小企业信用评级体系建立起来之后,要想严格有效地执行,真正为国民经济服务,就必须要有监管机构的监管与督促,否则该系统就将会被"束之高阁",仅仅成为理论上的一个研究,而无法发挥它的实践价值。只有在相关监管机构的监督下,该系统才能有效并长期实施下去,并在实践中创新和改进。这样才符合国家大力改革金融体制、发展金融市场,大力提高投资者水平的愿景。

3.2 民间资本通过公共秩序有效对接"麦克米伦缺口"的具体制度安排

3.2.1 民营银行市场准入制度设计

当前要引导和规范民营银行,使其有助于实体经济发展,就必须强力深化垄断行业改革,放宽市场准入,切实从中小企业的需求出发,制定合理的细则和相关配套法律,让民营银行真正能够进入有获利前景的行业。

(1) 降低投资门槛,打破行业垄断,放宽市场准入,规范民营银行,改善商业环境,鼓励、支持和引导民营银行进入金融服务、公用事业、基础设施领域,这将带来一个全新的中小型企业的发展机会。

(2) 应完善相关法律法规,完善相关制度设计,为民间投资保驾护航,保证实施效果。相关部门应该制定更加详细的投资和优惠政策并设立投融资信息平台。

(3) 政府应推出一些好项目,让民营银行能看到合理的投资回报,以吸引民资进入。允许民营银行进入垄断行业,让民营银行得到快速发展的机会,也可降低传统银行竞争激烈程度,改善经营环境,使其利润回升,内源性融资能力增强。

(4) 采取差别化监管,对积极落实、收效良好的民营银行予以业务和市场准入等正向激励政策,反之则采取限制性措施,将民营银行是否开展中小企业金融服务、是否进行可持续发展风险管理等情况纳入市场准入、日常监管和监管评级工作当中考虑,积极助推民营银行的可持续发展和业务创新。

3.2.2 民营银行信用担保制度设计

企业的运行和发展离不开社会的大环境，社会良好的信用体系的建立，会推动企业信用的良性发展。广东省建立的"信用信息和融资对接平台"，对推动社会信用建设和企业征信工作制度提供了有力支撑。这有利于创造一个良好的社会信用环境，消除企业与金融机构之间存在的信息不对称的问题，减少金融机构对中小型企业进行贷款时的顾虑，使资金流向中小型企业。政府应促进信用担保体系建设，鼓励互助性担保机构的发展，让分散、实力薄弱的中小型企业联合起来，在向金融机构贷款时，可以争取到相对优惠的条件。在此基础上，当地政府只是这一担保机构的监管者和服务者，不可以干预企业的日常经营活动，以保证企业的自主性。与此同时，政府应当推动中小型企业政策性担保、互助性担保、商业性担保共同、协调发展，帮助中小型企业走出融资难的困境。

3.2.3 民营银行市场退出制度设计

首先，要完善民营银行的相关法律，确保民营银行合法地位。应该从制度上承认它的合法性，通过制定相关法律来界定它的产权，使民营银行能够有法可循。在法律上应明确区分现有民间借贷的合法成分与非法成分，明确合法民间借贷的活动内容和范围，实现民间借贷和正规借贷的良性共存[①]。法律法规的具体内容我们可以参考国外的先进经验，明晰民营银行主体双方的权利义务、交易方式、合同要件、利率水平、

---

① 邵博文. 制度困境与法律对策——中小企业民间融资问题刍议[J]. 统计与管理, 2013（10）.

违约责任和权益保障等内容,规范金融行为,减少金融纠纷,引导民营银行发挥其应有的积极作用①。

其次,对民营银行的制度要求应当适当放松,让民营银行能够更高速发展。金融领域的多元化发展和金融自由化是我们应当实现的目标,我们应当对民营银行机构和正规金融机构一视同仁,把竞争交给市场,不要人为地对正规金融机构大力扶持而歧视民营银行机构。具体措施为:(1)在合理监管的条件下,降低设立民营银行机构的要求,使社会上的闲散资金能够充分地利用起来;(2)对中微型金融机构获取融资的要求也要降低,对比大型的金融机构应该在融资的利率上提供一定的优惠;(3)不同行业不同地区对为科技型中小微企业提供贷款的民营银行机构提供一定的税收优惠政策扶持,让民营银行能够越来越强大。

再次,完善金融市场里民营银行机构进入和退出的审核标准。完善民营银行机构进入金融市场的审核标准,就可以排除资质不够的民营银行扰乱金融市场的秩序。进入金融市场的审核标准可以因地制宜,根据不同地区民营银行的发展水平,合理地制定符合当地金融市场的审核标准。民营银行机构在进入金融市场前,应先向有关部门提交申请和进行备案。金融监管机构应当明确规定审批程序、经营场所、组织形式、经营方案、注册资本、入股条件和管理层的任职资格等。民营银行退出金融市场也应该制定相关的审核标准,这样就会减少对民营银行市场的负面影响,应当着重加强监管破产倒闭和清算等。

最后,尽快颁布征信管理条例,提高科技型中小微企业信用水平。信用是市场经济的基础,优秀的信用关系能够保证企业的正常经营,也能保证企业及时顺利地融资。颁布征信管理条例有助于为规范征信业奠定法律基础,有助于提高科技型中小微企业信用信息的可得性。建立信

---

① 邵书怀. 我国中小企业融资难的误区及对策建议 [J]. 西南金融, 2010 (7).

用管理制度对科技型中小微企业来说是非常有效的，不仅能够维护企业的优良信誉，还能使企业的信用成本降低。

3.3 民间资本通过中间载体有效对接"麦克米伦缺口"的具体制度安排

3.3.1 政府平台通过创新信息披露制度设计有效对接"麦克米伦缺口"

3.3.1.1 完善中小企业会计信息披露规范

2014年，财政部根据经济的发展形势，修订了企业会计准则，该修订准则的发布及时指导了中小企业的从业人员，规范了新业务的会计处理，以期完善并且更好地满足我国中小企业会计信息披露的监管要求。相关监管机构应就中小企业会计信息披露达成统一的标准，提高监管效率。完善中小企业会计信息披露制度时，应联合不同监管机构和相关资深专业协会等组织，通过专业协会组织成员有充足理论基础和丰富经验的行业一线人员的联合，研究出新业务的处理办法和披露要求，注重理论的可操作性，使得理论和实践相结合，高效可行地促进中小企业会计信息披露的发展。

3.3.1.2 加强中小企业会计信息披露监管

（1）促进不同监管机构协调合作，形成监管合力。当前我国金融市场的蓬勃发展，需依据金融市场实际情况进行协调，进行完全的分业监管，或者完全的混业监管都不切实际，而且现在的中小企业进行混业经营的情况越来越多。因此，目前比较适宜的改进方案是明确划分各监管部门的职能，各个部门相互配合，最终达到有效的监管。监管者之间需要将获得的资本市场中的信息进行分享,以减少不必要的工作,提高共同监督效力;在共同监管中,监管者需明确各自职责所在,加强协调合作,不得作出损害其他监管者的行为。监管机构可以建立一个信息分享网站,让各个监管机构及时进行信息交流,相互协商解决监管行为不协调的问题,共同促进我国监管体系的发展。

(2)严格惩罚机制。考虑到当前我国中小企业的规模和发展前景,监管机构对我国中小企业违规披露会计信息行为的惩处措施比较和缓,违规披露给中小企业带来的资本流入远大于其受到的罚款和其他后果造成的成本。因此,应当提高我国中小企业的违规成本,对中小企业的违法行为加大打击力度。

发达国家的惩罚机制非常完善,规定中详细阐明关于经济犯罪的各种情况,根据情节严重程度对不同等级的欺骗犯罪行为进行了不同的刑罚处罚。我国应当学习发达国家的先进之处,对违规披露行为追究其责任人和企业高级管理层的过失。经查明核实情况的,还应追究对该企业的相关责任,对公众公布其违法违规行为,让其受到监管机构和广大民众的共同监督。对于情节恶劣的犯罪行为,更应严厉打击并追究刑事责任。

3.3.2 政府平台通过注册、备案制度设计有效对接"麦克米伦缺口"

政府建立中小企业项目对接平台,在平台中对所有登录平台的融资中小企业的关键信息建立数据库,进行企业所有者、经营场所、经营范围、财务信息、抵押物等数据的注册、备案,以供意向投资者随时查阅、追踪。建立完善的信息注册、备案数据库,有利于对冲中小企业因信用不足的问题而导致的融资障碍,也可以为投资者消除信息不对称等疑惑和"瓶颈",促进二者有效对接。

3.3.3 民间资本通过纯私人秩序有效对接"麦克米伦缺口"的具体制度安排

3.3.3.1 适当的认可机制与责任安排

首先,确定适当的认可机制。在管理学中,认可机制是员工激励机制的一部分,认可机制认为对于员工而言,对他们良好的工作表现给予认可,在他们心目中始终排在第一位。德里克·赫茨伯格的动机循环模式认为,增强员工工作动力和满意度的源泉来自这样一个循环:挑战—成就—认可。对员工杰出绩效的认可和奖励,是组织的报酬系统中至关重要的,但经常被忽视的一部分。但过于肯定又会导致员工惰性激发。

这一理论同样可以运用于激发私人秩序的民间资本活力上,从法律和宏观管理层面上,我们可以对合理化的民间借贷活动予以肯定,并加以法律保护。但超出法律规定和宏观管理允许范围的民间借贷,要坚决予以打击,以维护民间金融市场稳定,提升投资者投资信心。因此,应设计适当的认可机制,对民间借贷的合理范围给予上下限的界定。

其次,使用责任分配矩阵进行责任安排。责任分配矩阵是一种将项目所需完成的工作落实到项目有关部门,并明确表示出他们在组织中的关系、责任和地位的一种工具。它将人员配备工作与项目工作分解结构相联系,明确表示出工作分解结构中的每个工作单元由谁负责、由谁参与,并表明了每个人或部门在事例项目中的地位。一般情况下,责任矩阵中纵向列出项目所需完成的工作单元,横向列出项目组织成员或部门名称,纵向和横向交叉处表示项目组织成员或部门在某个工作单元中的职责。在私人秩序的民间借贷活动中,我们可以利用责任分配矩阵,将不同情况的资金对接在矩阵中列明,并针对具体情况明确界定参与主体的责任分配。责权明晰,使投资人和被投资人都明确自己在对接中的收益和风险,从而可以提前防范。

3.3.3.2 相对独立的事后司法机制设计

第一，司法部门应该形成完善的事后司法协调机制，按照相关政策规定完善司法体系，实现事后补偿功能，提高司法效率。例如，可以在现有的司法部门下设专门的司法庭的基础上，成立行业协会进行自律管理。

第二，完善司法稳定协调机制，建立处理民间借贷突发事件时的紧急预案以及应对机制，出台相关政策允许相关金融机构对民间借贷风险进行预测、评估，主动防范风险带来的损失，增强风险防范意识。除此之外，向社会普及民间借贷法律常识，为民间借贷提供必要的帮助，维护民营银行市场安全。

3.3.3.3 相对独立的事前监管机制设计

企业应重视企业的内部积累，提高自身的综合实力。尤其是企业经营者，要不断提高自身的综合素养，掌握相关的融资知识和管理知识。与此同时，应加强企业各种信息的透明度，确保财务数据真实可靠，完善财务报告，减少信息不对称，建立起有规范的财务体系。对企业实行统一标准化、规范化管理，便于与金融机构的信息互换，以便银行进行准确、科学的资信调查，从而提高其资信等级。同时，企业要树立自身形象，增强信用意识。在中小型企业发展过程中，经营信誉是一种非常重要的无形资产，不仅在面对客户时非常重要，在企业融资过程中也会起到相当大的作用，是企业经营素质、职业道德的综合体现。中小企业应当树立信用观，不断加强诚信教育，建立属于自己的企业文化，以诚为本，及时向相关当事人提供可靠、真实的财务信息，减少信息不对称。同时，要加强管理企业债务，防止资金链断裂，确保企业在金融各个机构中没有不良贷款记录，从而为企业建立良好的信用形象。

中小型企业对资金的需求具有"短、频、急"的特点。然而现阶段大部分金融机构信贷流程十分复杂烦琐,使得一部分中小型企业望而却步。金融机构可以对中小型企业进行信用评级,对一些资信状况良好的中小型企业可以放宽信贷条件、提供优惠服务,从而调动中小型企业对诚信融资的积极性,促进信贷业务的良性循环。与此同时,应该适当、合理简化信贷手续,达到真正的便民利民。信贷收入作为所有金融机构收入的主要来源,有着极为重要的作用,因此作为信贷部门人员就要有较强的职业素养和道德理念。金融机构应加强对专门从事信贷业务人员的内部培训,提高其专业素养,并且制定合理有效的绩效考核制度,让业绩与员工的切实利益相挂钩,增加员工的积极性。

第4章 吉林省民间资本有效对接"麦克米伦缺口"的实现路径

执法效率是解释一国金融发展规模的一个重要变量,制约转轨经济国家金融市场发展的一个重要因素是执法效率的低下。特别是转轨时期要提高金融市场的投资者保护水平,增强投资者信心,除了具备完善的制度设计外,较好的实现路径也可使执法效率提高。

为了维护投资者的合法权益,围绕着证券监管与资本市场执法效率的提高来保护投资者的合法权益,已经成为学术界一个十分热议的话题,在这方面的研究也越来越多。而传统的监管体系主要是围绕证券监管的经济效能进行的,并在不断研究中提出了公共利益论、俘虏论以及监管经济学理论等三个方面的理论体系。当前证券监管的主体思想认为,在当前资本市场的信息不对称与契约体系不完备的情况下,证券监管是一个提高经济效率的手段,其执法效率对保护投资者水平具有重要的作用。但在具体资本市场的运转过程中,执法效率的高低是如何影响投资者的保护水平的呢?

4.1 相关理论与概念

通过有效的资本市场的监管与控制,打击资本市场上的违法违规行为，是保护投资者重要的制度安排。其主要涉及法律治理、执法效率的内涵、资本市场治理以及投资者保护水平四个方面。

4.1.1 相关概念界定

4.1.1.1 法律治理

潜在的股东以及债权人之所以愿意将其资金投入到公司，是因为投资者坚信其所投资的资金能够得到法律的有效保护。在我国，国家通过制定法律法规来加强对公司的经营与组织的监管，进而达到对投资者权利的保护。法律治理的情况能够影响投资者的预期，对其经济行为产生影响。法律治理的优势就在于其能够降低企业参与者之间的谈判成本，进而达到促进资本市场上资源的优化配置。而健全的法律保护体系能够有效地控制公司的经营者与控股股东侵害投资者的合法权益。高效的法律治理体系能够提高投资者的保护水平，法律保护水平较低，会使公司内部出现经营者侵吞投资者权益的问题，因而会造成投资者保护水平的大幅降低。一个良好的法律治理环境，能够在有效地保护现有投资者合法权益的同时，还能够对潜在投资者起到一个好的引导作用。

4.1.1.2 执法效率的内涵

所谓执法效率是指政府行政水平的高低，而对于资本市场来说其执法效率则是证券监督管理质量的重要指标与集中体现。而在具体的实践过程中，会通过三个维度的指标来对资本市场的执法效率加以度量，这三维指标是指事后处罚的效率指标、查处及时性指标、执法威慑力指标。[①] 按照事后处罚来度量资本市场的监管效率，进而通过考察市场的

---

① 王新蕾. 投资者保护的执法环境对上市公司股利政策的影响研究 [D]. 山东财经大学，2014.

违规处罚效果来分析资本市场证券监管的处罚效率。从我国公司违规处罚的效果来看,虽然给上市公司带来严重的负面影响,短期会影响到上市公司的发展,但从长期来看其能够保护到投资者的权益并维护好资本市场健康秩序。查处及时性指标,是证券监管法律惩戒有效性的动态指标。一般来说,对市场违规行为的惩戒越是滞后,则反映出证券监管处罚的效率越低,其执法效率也就越低。而案件查处的速度则是指从案件开始到查处为止的时间差的长度。在法律监管层面来看,时间差越短则相应的执法效率就越高。执法威慑力指标则是衡量证券监管的执法力度对资本市场上其他经营者的威慑力的高低。

4.1.1.3 投资者保护水平

当前,对于对我国投资者保护水平的评价,通常产生了两方面的观念。第一,从立法的角度来评价。其思路是,基于我国关于投资者保护方面的立法在不断完善,对投资者的保护水平会随着时间的推移而不断提高。这一观点的核心内容是指随着法律体系的完善与法律治理水平的不断提高,必然会使得投资者的保护水平得以提高。[①] 第二,基于国家资本市场发展的角度来评价,其思路是,投资者的保护水平会受到我国市场理论的影响,具有很大的波动性,投资者的保护水平会随着资本市场的发展与完善而不断提高。对投资者保护的法律法规具有原则性较强、粗线条以及缺乏具体的实施细节等问题,进而需要辅助于市场运行的灵活性。

4.1.2 相关理论的基础

4.1.2.1 资本市场治理

当前,资本市场的场所就是证券交易所,是证券交易的重要的自律

[①] 刘艳. 我国上市公司投资者关系管理的现状分析 [J]. 商场现代化, 2010 (36): 78 – 79.

组织。证券交易所根据交易的具体情况制定出相应的章程、规则等对交易产生约束的规范，进而规范上市公司的经营。理论上讲，证券的公开交易具有对上市公司经营监督与激励的作用，正常公开的活跃的证券交易市场能够通过股票价值真实地反映出公司的经营信息。而所谓的资本市场治理则是指对资本市场的公开、资源交易的监管，通常一个高度竞争、信息充分的资本市场能够有效地促进资源的优化配置，进而可以将证券的公开交易以及证券的价格视作监控公司经营者的重要的外部监督手段。资本市场治理能够提高资本市场的透明度，降低由于信息不对称所引发的资本市场的舞弊行为，进而提高对投资者的保护水平。

4.1.2.2 信息不对称理论

信息不对称是企业经营过程中的重要管理理论，是指在交易过程中由于社会政治、经济活动等因素所产生的交易双方的信息不对等，从而引发了交易的非经济化。在市场经济活动中，存在一些交易主体无法获得与交易有关的全部资料，因而对各类交易主体来说，信息掌握较为全面的主体会比信息相对较少的主体更加具有优势。这一现象是肯尼斯·约瑟夫·阿罗于1963年最先提出。对于资本市场来说，正是由于信息的不对称，造成了资本市场的信息失灵，因而需要执法者介入。

4.1.2.3 公司治理

我国的诸多企业尤其是中小企业，其公司治理机制并不完善，董事会与监事会的制度都形同虚设，对企业经营的监管效果并不明显，无法满足企业内部控制的需要。这就需要不断完善企业的公司治理制度，从股东的收益角度出发对企业进行管理，在企业的股东受到损失时，管理人员要采取必要的措施，对企业经营中出现的问题加以制止。与此同时，管理者要把自身利益与职责进行明确，完善公司的董事会制度与监事会制度，保护分散股东的合法权益，从而加强企业的内部控制。

4.1.2.4 委托代理关系

企业是一系列契约的组合体,所以需要对上公司进行外部监管。而企业的所有者与经营者之间是一种委托代理关系,需要外部监管来对经营者进行约束,以保护投资者的合法权益。通常契约的特质是刚性的,为此制定的会计准则需要给公司的经营者留有一定的政策空间,这就需要通过盈余管理来弥补其契约性刚性的不足,从而给企业的经营者提供一个维护契约操作空间,以实现其价值的最大化。在资本市场充分有效的情况下,企业处理其经济互动和会计准则的制定者之间仍会存在一定的区别,准则的制定者在制定会计准则的过程中会依据当前的经济形势、资本市场运行形式和国家的整体发展情况进行调整和修正,但对于特定企业来说仍存在一定的差异。因此,对企业经营者进行监管是保护投资者合法权益的关键。

4.2 执法效率、投资者保护水平和中小企业融资效率关系的实证研究

近年来,政府、金融组织等各方都越发重视中小企业融资困难的问题,而融资效率问题是当下中小企业融资难问题的根本所在。我国中小企业普遍存在着资金供给途径稀疏、投资者保护水平低下以及内源融资规模受到限制、执法效率不高、商业信用不好等问题,导致中小企业无法依照本身资产结构、获利能力以及风险应对能力等对自身的融资方式、融资结构、融资成本作出更加适合自身的调整。其他方面近年来研究很多,但实践中有数据表明近年来影响中小企业融资效率更多的是执法效率和投资者保护水平。之前学界也分别探究了执法效率及投资者保护水平对中小企业融资效率的影响。对前期学者研究进行归纳总结,分

析他们尚存的研究空间，对这一问题的进一步研究具有较大的理论意义，因此本书把关注的重心放在研究和探索执法效率、投资者保护水平以及中小企业融资效率之间关系的相关文献上，为未来这一领域的研究提供借鉴。

4.2.1 文献回顾

4.2.1.1 中小企业融资效率文献综述

（1）融资效率概念的界定。

曾康霖（1993）研究融资方式取得了较大成就，相对于国内其他学者较早地在研究中运用了"融资效率"这一概念。他认为，对于融资形式的选择主要关注两个方面，即融资效率和成本并选取影响融资效率与成本的因素，对影响融资效率与成本的因素进行了分析探索[1]。不久之后，融资效率的概念由宋文兵（1998）正式提出[2]，他认为，经济学中的效率所说的主要是成本和收益之间存在的关系，而配置效率以及交易效率是融资效率所包含的主要方面，前者主要是指将重要资本分配给能使其达到最优化的投资者；后者主要说怎样选择能以最低的成本为筹资者融入所需资金的融资方式，也为投资者资金融出出谋划策，找出使其信服的融资途径。刘海虹（2000）以资金的趋利性为立足点，提出企业的融资过程其实就是其资源的配置过程，只不过这个过程是以资金供求为形式表现出来的，与此不同，社会资源的配置效率是通过企业或行业获得资金的方式、规模等映射出来的[3]。卢福财（2000）认为，

---

[1] 曾康霖. 对影响股价变动的几个经济变量的分析 [J]. 四川金融, 1994 (9): 40 – 42.
[2] 宋文兵. 关于融资方式需要澄清的几个问题 [J]. 金融研究, 1998 (1): 35 – 42.
[3] 刘海虹. 国有企业融资效率与银行危机相关问题研究 [J]. 财经问题研究, 2000 (3): 41 – 45.

企业所选融资方式或融资制度在完成储蓄向投资变更时所起的作用就是融资效率，他对企业融资效率的分析体系进行了一系列构造，并指出在对企业融资效率进行分析时应该从多个角度进行如微观、宏观[①]。马亚军和宋林（2004）对企业的融资效率进行了深层次的解析，认为企业的融资效率就是以最低的成本获取资金并使其得到高效的运用且获取更大收益[②]。

（2）融资效率的影响因素。孙会霞等（2013）分析了银行定价能力和信贷筛选在银行业股份制改革进程中是否会影响企业贷款融资及融资成本。从2004～2011年发布的最新借款公告数据可以发现：更好的财务业绩、更少的代理成本、更好的商业信用，虽然有助于企业获得更多的借款，却对降低企业的融资成本没有太大帮助。从对银企关系的检验中我们可以看出，就借款的成本而言，民营企业是显著高于国有企业的。理论而言，保持关系的银行数量越多，那么获得借款的可能性必然越大，可借款金额可能也越高，但是这对企业提高借款的融资效率、降低成本并没有起到作用。中小企业能够获得更多、更好、更快的发展机遇，依赖于经济的快速发展，当然也伴随众多挑战。在中小企业的融资过程中，选取的融资方式应当适合企业自身发展，使企业的资金利用效率得以提高，企业发展得以促进[③]。胡旭微、李记辉（2015）的实证研究结果显示，债权融资的增加会使中小企业融资效率得到很大提高，与之相反，股权融资的增强对融资效率的影响是相悖的。所以，债权融资对中小企业来说是最优的融资方式，应首先被考虑和选择。企业处于不同的时期，其对融资方式需要也不尽相同。所以，融资方式的选择应谨

---

① 卢福财. 企业融资效率分析 [D]. 中国社会科学院研究生院, 2000.
② 马亚军, 宋林. 企业融资效率及理论分析框架 [J]. 吉林财税高等专科学校学报, 2004（2）：19-23.
③ 孙会霞, 陈金明, 陈运森. 银行信贷配置、信用风险定价与企业融资效率 [J]. 金融研究, 2013（11）：55-67.

慎为之。宏观经济发展不仅对公司筹资效率有影响，还对资金配置效率有影响[1]。从宏观因素方面来讲，现在学者们主要把研究的重点放在公司质量、制度环境、市场发展现状等方面来分析企业融资效率的影响因素。赵章平（2006）认为，在法律对投资者权利保护到位的前提下，企业的发展、企业价值、资本配置效率都必然可以得到很大改善[2]。钟雅婷、刘松安（2006）通过法律环境对公司融资效率影响方式的研究，得出只有当投资者权利得到很好保护时，投资者才会投资，融资效率才能得到提高[3]。

综上所述，中小企业融资效率受众多因素的影响，对其相关研究也很多，但是现有的对执法效率、投资者保护水平以及中小企业融资效率三者关系的研究却不多见，可以说几乎没有。

4.2.1.2 投资者保护与融资效率

发达国家金融支持体系完善、金融市场繁荣，法律体系健全，且投资者能得到一定保护，所以中小企业融资效率必然高于我国。相比之下，我国的金融支持体系、法律法规、金融市场以及中小企业自身发展都不太理想，这些都是我国中小企业融资面临的重大难关。

投资者是金融市场必不可少的参与者，对投资者权利保护至关重要，因为它对市场经济的发展有直接影响。最早对法律和金融的研究是由芝加哥大学的 Robert Vishny 与美国哈佛大学的 Fafael La Porta、Florencio Lopez-de、Silance 和 Andrei Shleifer 四位学者发起的。La Porta（2002）等是通过两个角度展开对融资效率研究的，其中一个角度是投资者法律

---

[1] 胡旭微，李记辉. 中小企业融资方式对融资效率的影响［J］. 经营与管理，2015（3）：123－125.
[2] 赵章平. 上市公司融资的宏观效率影响因素分析［J］. 财政监督，2006（4）：5－7.
[3] 钟雅婷，刘松安. 法律解读：企业融资效率为什么低［J］. 国际融资，2006（10）：35－37.

保护，另一角度是不同国家的法律体系。法与资本结构理论，对投资者保护水平、企业融资喜好以及企业资本组成之间的关系进行了更深层次的挖掘并进行了分析，最终研究结果发现，企业资本组成与融资喜好都受到投资者保护水平的影响，而且与股权与债权相对保护水平密切相关[1]。新投资者保护制度对提高投资者保护水平有一定作用，但是相比而言，其对债权保护水平有更大的影响。

世界万物都是相互作用、相互联系的。法律与企业融资效率之间也存在必然的联系，现有有关法律和企业融资效率之间关系的研究大多是以投资者法律保护为出发点的。Andrei Shleifer 和 Daniel Wolfenzon (2002) 建立了一个有投资者法律保护下的市场均衡模型，研究结果显示，在一定的条件下，在不同国家，对股东权利保护得越好，公司的规模就会越大、数量也会越多，价值必然更高，股息支付水平也得到加强，资本配置得到优化[2]。还有一些学者发现，投资者法律保护所处的发展阶段不同，也会对企业融资效率产生一定的影响，而当投资者法律保护得到优化时，企业资本成本也会随之减少。很多国外文献研究表明，一个国家的投资者保护水平会直接影响其资源配置效率。

4.2.1.3 法律、投资者保护水平与融资效率

企业融资有两个重要途径：一个是直接融资；另一个则是间接融资。直接融资主要是指没有融资机构介入的融资方式如发行股票、发行债券进行融资。间接融资则是通过中间组织借出资金给一些企业使用，如向银行机构借款等。我国的学者一般是以投资者法律保护为视角，对法律与企业融资效率进行分析。我国相关法律政策的完善可以说是阶段

---

[1] Rafael La Porta, Florencio Lopez-de-Silanes, Andrei Shleifer, Robert Vishny, 缪因知. 投资者保护与公司治理 [J]. 研究生法学, 2008 (4): 133 - 146.

[2] Andrei Shleifer, Daniel Wolfenzon. Investor protection and equity markets [J]. Journal of Financial Economics, 2002, 66 (1).

性的。这些研究结果同国外相关研究结论相呼应。

在研究法律与融资效率的关系时,学者们大都把我国投资者法律保护以法律的发展为线索分为几个阶段进行分析。沈艺峰等(2004)研究结果表明,处于不同的法律保护阶段,所表现出来的中小投资者保护意识也不尽相同,即所处阶段越高其保护意识相对提高[①]。此研究支持了La Porta 等相关研究的重要观点。沈艺峰等(2005)以 1993~2001 年我国资本市场上市公司为样本,采用时间序列分析方法,对我国企业融资效率进行实证研究。研究发现,中小投资者法律保护措施与中小投资者法律保护水平都与上市公司的资本成本呈反向变动[②]。La Porta 等(2002)研究发现,大陆法系国家与英美法系国家相比,前者拥有较低的投资者法律保护程度以及较低的融资效率。La Porta 等(1998)还发现,法律对投资者的保护程度受法律政策影响的同时,还受法律执行效率即执法效率的影响。随后,出现一些学者从司法效率角度对融资效率进行研究分析,具有代表意义的是:Laeven 和 Majnoni(2003),他们的研究结果显示,对国家间利率差异产生影响的主要因素是司法执行效率。因此,随着宏观经济环境的改善以及司法执行效率的提高,企业的融资成本得以降低[③]。

现有中国法律体系与发达国家不可同日而语,法律制度欠缺以及金融发展低下是我国当下所面临的问题。相比于国外学者,国内学者对法律和金融的研究都是通过对我国企业融资效率的现状及所面临的问题进行分析的。根据研究结果提出了一些具有针对性的建议,这对我国有关金融法律制度的完善以及金融业的发展具有重要意义。

---

① 沈艺峰,许年行,杨熠. 我国中小投资者法律保护历史实践的实证检验[J]. 经济研究,2004(9):90-100.

② 沈艺峰,肖珉,黄娟娟. 中小投资者法律保护与公司权益资本成本[J]. 经济研究,2005(6):115-124.

③ Luc Laeven, Giovanni Majnoni. Loan loss provisioning and economic slowdowns: too much, too late? [J]. Journal of Financial Intermediation, 2003, 12(2).

法律要在社会中起积极作用，就需要具有一定的效力和影响力，法律制度环境的好坏决定法律执行的效果。在众多影响因素中，影响执法质量的主要原因素是司法工作的有效性。当拥有一个健全的法律制度并使其得到有效实施时，良好的经济效益才会由此而生。

国内外对融资效率的文献研究数不胜数，但是对执法效率、投资者保护水平以及中小企业融资效率三者之间的关系的研究却甚是少见，本书将主要对此进行研究。

4.2.2 理论分析与研究假说

从法律论的观点看来，对投资者进行保护，法律是至关重要的。法律可以看作是对投资者保护水平产生影响因素中最重要的一个，不同的国家对投资者保护水平的要求有所不同，造成这些差异的主要原因是每个国家的法律体系不尽相同。通过法律的不断完善可以增加大股东掠夺的成本，由此也可以把对中小投资者的保护水平进一步提高，从而提升中小投资者对投资的信心。在这种情况下，公司的融资能力和经营效率也会加强，投资者会从中获得更大的利润。法律同时赋予了中小投资者许多权利，如董事的选取权、资产收益的分享权。而行使这些权利对中小投资者保护水平会产生直接影响。投资者对法律的需求是急切的，法律如果不能满足中小投资者对其保护的需求，就会损害中小投资者的利益，使上市公司流失一些潜在投资者，进而也把融资成本提高了，这就会给上市公司在资本市场上的发展带来影响。

如果投资者权利保护匮乏，则在提高企业工资成本的同时，还会降低企业融资效率。根据信息不对称理论，由于投资者与金融机构之间所获得信息的不对称，将会导致投资者高估投资风险、低估投资收益，那么投资者在进行投资时必然会有所保留，并且会要求企业提供更多的担保来保证自己的利益。此种情形的出现必然会导致企业融资过程困难、融资成本增加,致使融资效率低下。这将会成为中小企业融资的绊脚石。王建中、张莉(2008)认为,法律会给外部投资者提供一定的保护,法律制度会在一定程度上限制大股东和企业管理者的行为,使其规范行为。这将在很大程度上保护中小投资者的利益,当然这也会给潜在投资者一定的信心使其愿意提供资金,也给股票市场规模的不断壮大提供了一定的机会与帮助。投资者法律保护对企业的权利作出了规定,对投资者的投资行为予以保护,并对投资者的投资意愿产生影响,企业的资本配置效率以及融资能力也会受到投资者保护水平的影响。因此提出假设1。

假设1:投资者保护水平与中小企业融资效率呈正相关关系。

法律渊源决定论认为,法律和资本市场的发展必然存在一定的关系,其是以外部投资者保护与金融的关系为切入点,也就是说利用内部管理层与拥有控股权的股东会根据一些内幕消息进行操作控制,进而损害一些小股东以及债权人的利益,而法律制度却恰恰可以抑制这种行为的发生,所以其会对外部投资者产生极其重要保护作用。由于各国法律体系对产权的重视以及保护程度存在差异,而这种差异能够用各国法源的最根本的差异来解释说明;这些法律的执行效率是由移植而来的法律与其所在国家文化环境的适应性来决定的。这些因素都会对投资者保护程度造成影响,从而对人们购买证券和参与金融市场的信心产生影响。目前我国在解决中小企业融资难等方面能力不足,表现为法律依据与程序的不足。所以,要想解决问题,必然要求司法机构提高执行任务的能力,加强法律保护意识,积极宣传法律知识,以行动弥补缺陷。所以,良好的经济效果需要完善的法律制度来支撑。La Porta 等(1998)通过研究发现,法律对投资者的保护水平不但受法律制度的影响,同时也受执法效率的影响[1]。Laeven 和 Ma-

---

[1] Rafael La Porta, Florencio Lopez-de-Silanes, Andrei Shleifer, Robert Vishny, 缪因知. 投资者保护与公司治理[J]. 研究生法学, 2008(4): 133 – 146.

jnoni（2003）结果显示，把通货膨胀因素排除在外，导致国家间利率不同的原因是司法执行效率①。综上所述，提出假设2。

假设2：执法效率与中小企业融资效率呈正相关关系。

法金融理论始于 LLSV 在1998年对法与金融相结合的创造性研究，此理论认为，法律法系的差别对各国投资者保护法的制定以及实施等都产生了一定的影响，从而对金融市场的深化程度产生影响。法律论认为，改善投资者保护机制，就应该建立起保护投资者权利的法律与政策，当然这一切都是以法律为前提。以此对政治以及司法的公平公正提供了保证，以确保法律制度的正确实施；在执法这一层面上，需要有效的证券监管的建立及证券监管水平的不断提高。在法律实施效力良好的体系下，会给投资者保护情形带来改善，会进一步使权益融资成本得到降低，进而公司价值得到提高。但是，投资者保护水平在受法律影响的同时也随执法效率的不同而有所改变，管制制度尤为突出。中国市场明显存在监管机构、监管质量与效率低下和威慑力不够的缺点。执法效率是证券监管质量的重要指标和体现，有效的证券监管才能促进对投资者的保护，然而失效的证券监管则会以投资者的利益损失为代价。法律必然具有一定效力，然而它的执行效率即执法效率是最为重要的。执法效率的加强必然会促进社会的进步，增强人们对投资的热情、对企业的信任。陈国进、赵向琴、林辉（2005）认为，加强对上市公司违反法律、破坏制度的处罚能够震慑企业内部人员，规范其行为，以此使中小投资者利益的保护得到提高，使投资者的信心增强，公司价值得到一定的提高，股权筹资成本降低，资本市场的发展和经济增长得到长期发展与促进②。因此，提出假设3。

---

① Luc Laeven, Giovanni Majnoni. Loan loss provisioning and economic slowdowns: too much, too late？[J]. Journal of Financial Intermediation, 2003, 12 (2).

② 陈国进，赵向琴，林辉. 上市公司违法违规处罚和投资者利益保护效果[J]. 财经研究, 2005 (8): 48-58.

假设 3：执法效率越高，投资者保护水平越高，二者正相关。

执法效率可以通过影响执法质量进而对中小企业融资效率产生一定的影响，而执法效率对中小企业融资效率产生作用存在一个过程。多项研究结果表明，执法效率可以通过某些中间机制对中小企业融资效率产生一定的影响。从前文分析结果我们可以得出一些启示，即执法效率的大小会对投资者保护水平产生影响，而投资者保护水平又会影响中小企业融资效率。由此可以看出，执法效率可以通过影响对投资者的保护水平间接作用于中小企业的融资效率。因此，提出假设4。

假设4：执法效率能够通过投资者保护水平影响中小企业融资效率。

4.2.3 研究设计

4.2.3.1 样本选择和数据来源

本书以2011~2016年中小板上市公司的数据为样本，为了保证实证研究的可行性及有效性，对这些样本企业按照一些条件进行筛选。本书剔除了一些关键数值缺失的企业，以避免数据的不全面对研究结论造成的影响，且为了消除极端值的影响，对数据进行了1%以下99%以上的缩尾处理，最后留下435家公司，数据共2597条。有关样本研究数据的获得，主要来源于CSMAR数据库。对数据处理主要采用的软件是 sas enterprise Guide 6.1。

4.2.3.2 模型设定和变量定义

为了验证执法效率与中小企业融资效率之间的关系，本书构建模型（1）：

$$Finance = \alpha_0 + \alpha_1 je + \alpha_2 debt + \alpha_3 size + \alpha_4 sales + \alpha_5 ppe + \alpha_6 \sum Year + \varepsilon_2 \tag{1}$$

为了验证执法效率与投资者保护水平之间的关系，本书构建了模型（2）：

$$Protect = \beta_0 + \beta_1 je + \beta_2 debt + \beta_3 size + \beta_4 sales + \beta_5 ppe + \beta_6 \sum Year + \varepsilon_2 \qquad(2)$$

为了验证投资者保护水平与中小企业融资效率之间的关系，本书构建了模型（3）：

$$Protect = \delta_0 + \delta_1 protect + \delta_2 debt + \delta_3 size + \delta_4 sales + \delta_5 ppe + \delta_6 \sum Year + \varepsilon_4 \qquad(3)$$

我们将中小企业融资效率作为因变量、执法效率作为自变量，验证投资者保护：

$$Finance = \gamma_0 + \gamma_1 je + \gamma_2 protect + \gamma_3 debt + \gamma_4 size + \gamma_5 sales + \gamma_6 ppe + \gamma_7 \sum Year + \varepsilon_3$$

其中，α，β，γ，δ 为自变量的系数；ε 为误差项。

执法效率对中小企业融资效率的影响有一部分是通过影响投资者保护水平而产生的，因而本书称投资者保护水平为中介变量。为了验证执法效率、投资者保护水平和中小企业融资效率三者之间的关系，本书采用中介效应模型来进行具体研究。

本书借鉴曾昭灶、李善民等（2012）的衡量方法，构建对投资者保护水平测量指标①。投资者保护指数构成说明及变量定义，如表4-1和表4-2所示。

通过文献的阅读，本书对中小企业融资效率选取50%融资成本率+50%投资需求配比度进行测量，融资成本率=融资成本/筹资资金；投资

---

① 曾昭灶，李善民，陈玉罡．我国控制权转移与投资者保护关系的实证研究 [J]．管理学报，2012，9（7）：960-967．

表 4-1　　　　　　　　　投资者保护指数构成

项目	变量符号	衡量指标	分值	赋值方法
1. 股东权利			20	
股东大会出席率	A	（股东大会出席比例－第一大股东持股比例）/第一大股东持股比例	10	每 0.1 为 1 分，共 10 分
股息支付率	B	当年现金股息占净利润比例	10	每 0.1 为 1 分，共 10 分
2. 潜在侵占			20	
资金占用	C	净借出所占总资产的比例	10	负数与 0 为 10 分，而每增加 0.1 则减去 1 分，最少为 0 分
关联交易	D	（关联购买额＋关联出售额）/（2×占主营收入）	10	0 为 10 分，每增加 0.1 则减去 1 分，最低为 0 分
3. 内部治理			20	
独立董事比例	E	董事会中独立董事所占比例	10	每 0.1 为 0 分，最高分值为 10 分
总经理董事长兼任	F	董事长是否兼任总经理	10	兼任为 0 分，非兼任为 10 分
投资者保护指数	protect		60	其为以上各项目得分加总

表 4-2　　　　　　　　　变量定义

变量类型	变量名称	变量代码	变量描述
被解释变量	中小企业融资效率	finance	50% 融资成本率与 50% 投资需求配比度之和
解释变量	执法效率	je	用执法威慑性进行测量，即违规频率、违规数量次数
中介变量	投资者保护水平	protect	见投资者保护指数构成说明

续表

变量类型	变量名称	变量代码	变量描述
控制变量	固定资产净额	ppe	固定资产净额/总资产并予以标准化
	营业收入	sales	销售收入/总资产并予以标准化
	财务杠杆	debt	负债与总资产之比
	企业规模	size	对总资产账面价值取自然对数

资料来源：作者整理。

需求配比度即为筹资资金与投资活动流出之比，从而可以更准确地反映中小企业融资效率。本书执法效率用执法威慑性进行测量，即违规频率、违规数量次数。因此，违规次数的减少，伴随着执法效率的提高，投资者保护的程度也得以提高。

4.2.4 实证分析

4.2.4.1 描述性统计结果

（1）全样本描述性统计结果。本书对 Winsor 处理之后的数据进行了描述性统计分析，结果如表4-3所示。从表4-3中可以看出有关执法效率的一些相关数据，其中执法效率的最大值为4，最小值为0，标准差为0.647，还可以看出对不同企业执法效率的威慑性存在着一定的差异。从投资者保护水平质量指数来看，它的最大值是56.58，最小值是20.525，标准差是7.399，这可以充分说明对投资者保护水平的重视在各个企业间存在着较大的差异。

（2）相关性分析。对变量进行回归分析之前，本书采用了 Pearson 相关系数来检验变量间是否存在多重共线的关系，从而来排除它对研究

表4-3　　　　　　　　　　　描述性统计结果

变量	均值	标准差	最小值	25%分位数	中位数	75%分位数	最大值	离散程度
企业规模	21.7228	0.891	19.731	21	21.6	22	24.90	0.5348
固定资产净额	0.2106	0.141	0.0011	0.0965	0.1874	0.3049	0.67	0.6712
财务杠杆	0.3972	0.193	0.0283	0.2428	0.3845	0.5387	0.86	0.2448
营业收入	0.6225	0.406	0.0205	0.3545	0.5349	0.7723	2.96	1.9838
执法效率	0.283	0.647	0	0	0	0	4.000	2.6094
投资者保护水平	41.2725	7.399	20.525	36.265	41.5931	46.794	56.58	-0.2408
中小企业融资效率	68.8128	325.550	0.0358	1.0763	3.2316	15.000	4917.90	9.5305

资料来源：作者整理。

结果的影响；与此同时又对其作了相关性检验，这可以让人们对各变量间的关系有初步认识。相关性分析结果如表4-4所示。

表4-4　　　　　　　　　　　pearson 相关性

变量	企业规模	固定资产净额	财务杠杆	营业收入	执法效率	投资者保护水平	中小企业融资效率
企业规模	1						
固定资产净额	-0.0591***	1					
财务杠杆	0.4432***	0.0645***	1				
营业收入	0.0183	0.0671***	0.1605***	1			
执法效率	-0.0431***	0.0449**	0.1397***	0.0179	1		
投资者保护水平	-0.0013	0.0956***	-0.0475r**	0.0730***	-0.0264	1	
中小企业融资效率	-0.0570***	0.0940***	0.0688***	0.0672***	0.0830***	0.0634***	1

注：*、**和***表示显著性分别为10%、5%和1%。

从表4-4中我们可以看出，各变量间的相关系数与0.5相比都比较低，这可以充分说明各变量之间不存在严重多重共线，不会对回归结果产生影响。

可以明确看到，投资者保护水平与中小企业的融资效率呈现显明的正相关关系，这与假设1的结论相一致；执法效率与中小企业融资效率也呈现出显著的正向关联关系，这和假设2的结论相一致；违规次数与投资者保护水平呈现出负相关关系，即执法效率与投资者保护水平是正相关关系，但是却并不显著，这与假设3的结论一致。为了更加深入探究研究假设，本书需要进行回归分析。

4.2.4.2 回归分析

对各变量进行了描述性统计与相关性分析之后，为了更深入地验证研究假设，对其进行了多元回归分析。本书利用OLS最小二乘回归方法检测了执法效率、投资者保护水平与融资效率三者之间的关系。其回归结果如表4-5和表4-6所示。

表4-5中，模型（1）和模型（2）检验了执法效率对投资者保护水平的影响。结果显示，在加入控制变量前，执法效率对投资者保护水平正相关且在10%的水平上显著；在加入控制变量后其显著性变弱，回归系数由-0.4824下降为-0.3853，而其结果也变得不再显著。由放入控制变量前后的结果可以看出，在众多影响因素当中执法效率对投资者保护水平的影响相对较弱，但执法效率对投资者保护水平是存在正相关影响的。该结果支持了假设3。

表4-6中，模型（1）检验了投资者保护水平和中小企业融资效率之间的关系。从回归结果中我们可以看出，两者的相关回归系数是2.4250，系数t值是2.91，两者正相关且在1%的水平上显著，该回归结果验证了假设1的结论。

模型（2）是为了检验执法效率与中小企业融资效率之间的关系，可以看出，执法效率与中小企业融资效率呈正相关关系且在5%的水平上显著，该结果支持了假设2。

模型（3）把投资者保护水平放在执法效率对中小企业融资效率影响的回归结果中，来检验投资者保护水平对执法效率与融资效率的关系是否有中介作用。加入投资者保护水平后,执法效率对中小企业融资效率影响的回归系数由 30.4346 上升至 31.4240,在 5% 的水平上显著。由此可以得出投资者保护水平在执法效率和中小企业融资效率的关系中有部分中介效应。

表 4-5　　　　　　　　执法效率与投资者保护水平

变量	(1)	(2)
截距	39.6457 *** (108.42)	21.6268 *** (4.80)
企业规模		0.7960 *** (3.84)
固定资产净额		5.4692 *** (5.24)
财务杠杆		-3.7773 *** (-4.18)
营业收入		1.2555 *** (3.45)
执法效率	-0.4824 * (-1.86)	-0.3853 (-1.49)
年份	YES	YES
R^2	1.79%	3.91%
Adj R^2	1.57%	3.54%
样本数	2597	2597

注：*、** 和 *** 表示显著性分别为 10%、5% 和 1%。
资料来源：作者整理。

表 4-6　　　　　　　　模型回归分析结果

变量	中小企业融资效率(1)	中小企业融资效率(2)	中小企业融资效率(3)
截距	627.5306 ** (2.58)	641.6822 *** (2.67)	588.4421 ** (2.48)
企业规模	-36.6825 *** (-3.16)	-32.8282 *** (-2.95)	-34.8886 *** (-3.10)

续表

变量	中小企业融资效率（1）	中小企业融资效率（2）	中小企业融资效率（3）
固定资产净额	149.5385 *** (3.29)	157.9586 *** (3.35)	144.3397 *** (3.14)
财务杠杆	174.1546 *** (5.22)	145.7663 *** (4.28)	155.3660 *** (4.58)
营业收入	30.9276 * (1.71)	34.9014 * (1.91)	31.7316 * (1.76)
执法效率		30.4346 ** (1.98)	31.4240 ** (2.03)
投资者保护水平	2.4250 *** (2.91)		2.5171 *** (2.96)
年	YES	YES	YES
R^2	3.23%	3.30%	3.61%
Adj R^2	2.86%	2.92%	3.20%
样本数	2597	2597	2597

注：*、**和***表示显著性分别为10%、5%和1%。
资料来源：作者整理。

4.2.4.3 稳健性测试

为了增加结论的可靠性，本书还对上述实证结果进行了稳健性测试。

利用 GMM 方法代替 OLS 最小二乘回归方法，检测执法效率、投资者保护水平与融资效率三者之间的关系是否具有稳健性。

表4-7给出了变更检验方法的稳健性测试结果。结果显示，执法效率对融资效率有正向影响且在5%显著水平上显著；投资者保护水平与融资效率正相关且在1%水平上显著；投资者保护水平在执法效率对融资效率的影响关系中有部分中介效应。所以，变换检验方法后得出的结果与表4-6一致，结果稳健。该结果验证了假设4的结论。

表 4-7　　变更检验方法的模型稳健性测试结果

变量	(1)	(2)	(3)	(4)
截距	677.5425*** (2.74)	641.6822*** (2.66)	627.5306** (2.57)	588.4421** (2.48)
企业规模	-34.6342*** (-3.01)	-32.8282*** (-2.93)	-36.6825*** (-3.14)	-34.8886*** (-3.07)
固定资产净额	162.5907*** (3.49)	157.9586*** (3.36)	149.5385*** (3.32)	144.3397*** (3.18)
财务杠杆	164.2836*** (4.87)	145.7663*** (4.18)	174.1546*** (5.12)	155.3660*** (4.45)
营业收入	34.0290* (1.94)	34.9014** (1.99)	30.9276* (1.78)	31.7316* (1.83)
执法效率		30.4346** (1.97)		31.4240** (2.02)
投资者保护水平			2.4250*** (2.95)	2.5171*** (2.99)
年	YES	YES	YES	YES
ADJ R^2	2.61%	2.92%	2.86%	3.20%
样本数	2604	2604	2597	2597

注：*、**和***表示显著性分别为10%、5%和1%。
资料来源：作者整理。

通过实证分析435家中小企业上市企业2011~2016年的数据，最后主要得出以下结论：执法效率的提高伴随着投资者保护水平的加强，投资者保护水平越高，越能够向市场上释放企业可信度较高、企业发布信息可信的信号。会使投资者对被投资企业的信心加强，会更加放心、大胆地投入资金，还能吸引更多投资者将有限的资源投入企业，支持其发展，进而降低融资成本，融资效率得到提高。所以国家在出台各种法律的同时应加强法律的执行，注意执法的威慑性、执行的时效性，给予投资者更多的安全保障。

执法工作不但要求效率还要求一定的质量,对企业行为的规范调整,对错误的改正以及执法的到位都有所要求。目前在实际工作进程中存在执法效率不高、执行能力不够、执行法律阻碍大等一些困难与不足。对此,本书提出了一些建议:首先,应该增强执法的力量,加快执法机构建设;其次,增强有关人员法律学习,提高相关人员自身的素养,加强执法力度、加大宣扬力度、普及和提高人们对法律的认知;最后,加强执法管理,完善执法机制,学习其他国家的先进执法经验,去其糟粕、取其精华,并有效推广,严格、公正、文明执法,对违法失信成本进行大幅度提升,坚决查处重案要案。

4.3 提高执法效率实现二者有效对接的具体对策

上述分析中得出,我国普遍存在着:因法律不健全导致投资者股利利益得不到保障、投资者保护具体实施手段的缺失、投资者保护乏力导致了投资者行为的"非理性"、地方政府的利益渗透影响中小投资者获得现金股利等问题,这就需要采取有效措施来提高我国资本市场的执法效率,进而提高我国投资者的保护水平。

4.3.1 投资者保护对民间资本市场健康发展的意义

资本市场的运转效率会直接影响整个市场经济的运行,而执法效率是市场运行效率的重要影响因素,进而会影响对资本市场上投资者的保护水平。资本市场上的违法行为不仅损害了资本市场的运行效率还造成了股东利益的损害。因此,为了维护资本市场的秩序与保护投资者的合法权益,通过有效的资本市场监管与控制,打击资本市场上的违法违规行为,是保护投资者的重要制度安排。对投资者的保护能够促进投资者科学合理的决策,进而有助于资本市场的良性循环。一方面,对投资者的保护能够提高投资者对资本市场的信任度,促进资本市场的良性循环。另一方面,对投资者的保护能够提高对上市公司的监管力度,防止上市公司的会计舞弊行为与财务造假的行为,对资本市场的健康长远发展具有重大意义。

投资者保护是维护市场公平和投资者权益的一项基础工作,在市场经济国家已开展多年并取得了广泛的认同,对消除或减少信息不对称的消极影响,以及遏制对投资者权益的不当侵犯方面起到了明显的作用。投资者保护,除法律法规途径规范,监管机构还可将上市公司对投资者保护状况最终评价结果进行通报,以此来促进上市公司自行改正相关工作;加强对投资者相互关系的处理和对投资者保护相关的业务培训工作,并引导企业重视此项工作,以此来保证投资者保护水平的提高。

4.3.2 具体措施

4.3.2.1 完善、细化投资者权益保护的法律法规

我国的证监会在执法的过程中,执法的能力与执法效率明显受到了法律不健全的制约,因缺乏有效的法律依据,使得相应的执法效率大打折扣,执法效率的不足使得投资的合法权益无法得到有效保护,进而使投资者丧失了对资本市场的信心。在对投资者的保护措施上,缺乏必要的具体的措施与手段。当前,我国的资本市场上多是中小投资者,其自我保护意识淡薄,且无法借助于当前资本市场的监督机构获得帮助,而自律性组织又缺乏必要的监管与约束的作用,监管机构从执法威慑力方面来说,对上市公司的惩戒威慑效果较差。本来事后监管是以牺牲投资者的短期利益来达到惩戒作用的,但其威慑力达不到预期水平。首先,要制定与内部交易和操纵市场以及侵权行为有关的司法解释,明确案件的受理类型与诉讼形式和诉讼时效等一系列的解释性条款,进而提高资

本市场的执法效率,切实保护投资者的合法权益。与此同时,还要完善相应的诉讼制度,对相关的构成要件与规则和赔偿的具体规定与标准加以明确化,建立专家证人与专家陪审员等能够提高执法时效的制度,进而形成符合我国资本市场基本发展情况的诉讼制度。而在民事赔偿诉讼方面,应当尽快依据具体资本市场运行情况,颁发相应的司法解释,并对诉讼前置条件的各项限制适当取消,对相应案件审判的证据加以明确,在司法判定和行政认定之间存在差异且投资者的控诉无法自行获取证据时,可以适当考虑加强行政监管和司法机关的沟通与交流的机制,为投资者提供证据支持。据此,可以建立专业的诉讼支持体制,完善诉讼手段,进而促进执法效率的提高,以提高对投资者的保护水平。

4.3.2.2 提高执法的可执行性、可实施性

目前,我国在对投资者的保护措施上,缺乏必要的具体措施与手段,需要提高资本市场执法的可执行性、可实施性,加强监管的执法水平,以达到对投资者保护的有效性。要建立起一个高效型的行政执法机制,探索出将金融监管机构作为一个特定的机构——脱离现行公务员管理模式的改革方向,提高执法人员的工作的效率,促进监督执法的灵活习性,完善具体的实施手段,并在机构设置、人员编制以及薪酬待遇方面进行改革,加大稽查与执法的力度,实现资本市场执法效率的真正提高。

4.3.2.3 寻求建立多元的纠纷解决机制

对投资者保护乏力,导致投资者的"非理性"行为,就是因为投资者无法确保其所投入的资金能够得到有效的保护,即使在诉讼的过程中也可能面临着纠纷无法解决的问题。这就需要寻求建立多元的纠纷解决机制,建立"制约型"的审判与审查分离机制,提高执法的水平,形成内部控制机制,提高投资者的保护水平,从监管的层面上来防止投资者

的非理性行为。在具体的实施过程中，要发挥好多元化解决纠纷机制的作用，保证审查与审理环节的独立性。投资者与经营者之间发生纠纷或进行诉讼，监管机构对投资者取证可以进行辅助性支持，还可以借助于第三方机构加以取证。不能仅仅依靠法律救济来保护投资者的权益，还要借鉴西方国家的成功经验，进而建立起多元化的纠纷解决机制。

4.3.2.4 发展机构投资者，完善股权结构

投资者的自我保护水平之所以不高，与我国的投资者多为个人中小投资者有关，这些投资多关注短期利益而忽视了所投资企业的长远发展。这就给上市公司的经营带来了投机的机会。在西方资本市场较为发达的国家，资本市场上的投资者是为了获取公司盈余的分红而进行投资，其认为自己的合法权利能够得到有效的保护。但我国由于投资者的保护水平有限，投资者无法真正能获得企业的分红收益，只能通过低买高卖来获取收益，在选择证券时并不考虑公司的长远发展，仅是考虑到短期的利益。这是一种"非理性"经济行为，不利于我国资本市场的健康发展。同时，由于国有企业的改制使得地方政府的利益渗透于资本市场，造成股权的不合理，不利于中小投资者的发展。因而要发展机构投资者，从而完善股权结构。这里的机构投资者可以是保险公司、养老金以及一些企业的年金和各种发展基金等，由于其资金来源存在特殊性，监管机制和管理模式较为专业，使其能够拥有比较理性的判断，且为了获取相对稳定的回报，这类投资者在进行投资的过程中，会比较关注所投资公司的长远发展。这类投资者在拥有雄厚资金的同时，还有大量的经验丰富且专业素质较强的专家参与公司的治理，在一定程度上提高了对中小投资者的保护。

第5章 吉林省民间资本有效对接"麦克米伦缺口"的政策建议

5.1 激发民间投资者投资潜能的政策措施

5.1.1 扩大民间投资的空间和渠道

鉴于现有的国家投资环境对民间投资发展产生的制约影响,国家应进一步放宽民间投资的准入领域,降低民间投资的准入门槛,让民间投资者有机会把资本投入到部分垄断性行业,力求营造一个公平合理的投资环境。

当前吉林省至少有三个领域可以供民间投资者考虑:一是生态工程,如对绿色产品的开发和投产;二是医疗卫生,随着省内医疗体制改革的深入人心,私立医院也成了民间投资发展的良好方向;三是教育产业,让民间资本进入教育行业,目前来看可行性是非常高的。向民间投资者开放这些领域之后,相信吉林省民间投资者的投资能力一定会更上一层楼。

5.1.2 为民间投资提供财政金融支持

政府在财力允许的情况下,应该允许财政资金直接进入以民间投资为主的项目,并且可以考虑部分导向性的贷款贴息奖金等。此外应大力降低民营企业的融资门槛和成本,使民营企业真正做到不再"只为钱发愁"。建立多渠道、多元化的金融市场以鼓励和引导吉林省的民间投资。

5.1.3 加强投资管理

非政府性企业投资已逐步成为民间投资的主体力量,针对吉林省民营企业的具体情况,应该在企业运行的有关制度、投资管理等方面制定统一的标准。例如,加强民间资本的归口管理,避免民营企业的重复投资,成立风险投资基金或共同互助基金等。为民间投资者营造一个良好的舆论氛围,力求将民间投资列入全省的经济中长期规划中,统筹管理、统一调控。

5.2 内外合力优化吉林省民间投资环境的措施

本节以内外因素作为分类,设想从内外两方面引导民间投资者,开发利用民间投资者的潜能。

5.2.1 内部因素促进民间投资者潜能

首先,吉林省民间投资者内部因素。作为民间投资者,最根本的是要扩大民间企业的数量和规模,只有民间资本更加充足了,民间投资的持续力才会不断加强。为此,政府应扩大民营企业的准入空间,制定鼓励和扶持民营企业发展的政策,继续扩大吉林省民营企业的数量和规模,最大限度地提升可利用的民间资本的额度。在投资的产业倾向方面,政府应引导和充分利用吉林省民间投资者的投资喜好,充分调动民间投资者参与社会经济投资的积极性。如制定相应的鼓励和引导政策，使民间投资者投资政府所引导的项目时可以有更多的收益，从而调动民间投资者的积极参与性。

其次，加大对民营企业的财政支持。政府方面，在财力状况允许的情况下可以准许财政资金直接投入到民营企业当中，这样可以让财政资金完整地注入民营资本中，最大限度地促进民营企业的发展。金融机构方面，各金融机构应该极力地配合政府出台的关于扶持民间企业的政策措施，鼓励和支持民间企业，对处于创业初期的民间企业应给予宽厚的贷款政策，并根据民营企业具体的特点制定相关的借贷政策，更好地让金融机构为民间投资者创业服务。

5.2.2 外部因素促进民间投资者投资

在外部因素方面，协调各个地区之间和各类型产业之间的民间投资十分重要。吉林省各地区的民间投资发展存在很大的不平衡，所以在保持吉林省中部地区这一发展支柱地位的同时，要更多地扶持和促进西部和东部地区的民间投资的利用和发展，使吉林省各个地区之间相辅相成，相互促进地区间的经济发展。

在产业投资类型上，除了在第三产业中充分利用民间资本外，在第一和第二产业方面也要积极调动和引导吉林省民间投资者的投资兴趣，制定相关的鼓励引导政策，使吉林省各产业之间协调发展。参考其他先进省份的经验，除了一些关系国家安全和国计民生的产业外，其他产业允许和鼓励民间资本的进入，国有制不再对大多数产业进行垄断。在所有制层面，应打破行业间所有制的界限，充分发挥市场调节的作用，使民间资本可以源源不断地注入各项产业的发展当中。与此同时，政府也应注意完善产权制度和其他一系列保障市场经济健康运行的规范措施，让民间投资者有序地进入投资市场，形成健康的投资体系，使吉林省民间投资更好地推动吉林省经济社会的发展。

5.3 改进中小企业内部循环,提升自我吸引对接

5.3.1 完善政府支持体系

应将吉林省中小企业内部资本结构的建设摆在首要位置,使企业与金融服务模式合为一体。到目前为止,我国特定为中小企业解决融资需要的金融机构还不多。鉴于此种状况,应在中小企业内部建立层级管理的基本组织架构,实行深度创新与调整,鼓励其提供各种关于中小企业的信贷产品。这样可在一定范围内挣脱金融垄断束缚,让企业彻彻底底地融入金融领域。除此之外,还需对各类商业银行实行业务扩展和融资规划。针对吉林省中小企业的融资特点实行不同于大型企业的信贷业务操作流程,积极展开新型中小企业信贷产品和服务,构建多元化的金融服务行业体系框架。根据吉林省中小企业融资需求的种种不同之处,选择符合本企业自身特征的金融产品,以提高个性化金融服务效率。

5.3.2 加强企业制度管理

建立合法合规的吉林省中小企业制度,明确产权关系,促进二者的协调性,必要时施以大力调整,为企业未来融资打下深厚的基础。吉林省中小企业需要摆脱古旧的家族企业管理模式,建立高管人员的激励制度,聘用各种技术类、管理类人才,建立健全企业内部的制衡机制,以实现企业经营者、企业生产者和企业外部投资者两两之间的制约,调动企业员工们的工作热情,改善企业内部的经管水平。毋庸置疑,企业平日的工作积累是提高工作质量和效率的前提,企业应不断寻求扩大其规

模的有效途径，不断完成自我能力的积累，大大提高工作能力。

5.3.3 形成新型企业价值和运营理念

吉林省中小企业需要遵循我国社会主义市场经济制度，有效地利用内源融资渠道，规避企业经营风险，提高企业运营能力，加强企业的信用度，在维持基本盈利能力的情况下加大对公积金的提取比例，并对先前的资金规模进行深层次拓展。吉林省中小企业需按照企业发展情况，对比市场下各种类型的融资工具与融资产品，在确保各项收益稳定的大前提下循序渐进地促进企业向前推进，提高最终的融资效率水平和融资质量水平。

5.4 利用互联网金融实现民间资本与"麦克米伦缺口"的有效对接

2011年至今是互联网金融开展实质性金融业务的阶段，特别是2015年李克强总理提出"互联网+"概念后，互联网金融更是大踏步地前进。互联网在这一时代飞速发展，互联网金融是这一时代下创新的产物。传统金融机构逐渐推出线上的交易平台以及手机应用App实现互联网金融。非传统金融机构则主要依靠交易平台以及微信公众号交易，主要包括P2P模式的借贷平台、众筹模式的投资平台以及第三方支付的小额贷款平台等。民间资本存量一直是银行等传统金融机构的补充，现在已经是中小企业不可或缺的一种融资方式。P2P平台、众筹等主要以民间资本为资金的提供者，大致也由民间金融发展而来。民间资本借助于互联网的不同金融平台实现了规范化和专业化的同时还获得了收益。互联网金融的快速发展加快了中小企业与民间资本对接，有效推动了"麦克米伦融资缺口"的解决。P2P、众筹、阿里蚂蚁微贷等互联网金融模式都给民间资本存量提供了一条投资的渠道,同时也为中小企业提供一个与民间资本有效对接的平台。

5.4.1 第三方支付平台小额贷款

阿里巴巴旗下的蚂蚁金服的小额贷款服务,提供不同期限不同收益率的借款产品,在平台上与中小企业对接,给中小企业提供筹资的渠道。蚂蚁小额贷款将服务对象定位在中小微企业,通过互联网的便利为中小微企业提供互联网化、批量化、数据化的小额贷款服务。并且,根据借款记录累计信用,利用云数据库初步建立中小微企业的信用体系,让企业累积的信用发挥价值,正在逐步解决中小企业信用数据缺失的问题,为中小企业融资创造便利。截至 2015 年 3 月底,蚂蚁小额贷款已经累计为超过 140 万家中小微企业解决了融资需求,累计投放贷款超过4000 亿元,帮助大量中小微企业解决了资金缺口问题。互联网金融为中小企业提供了便捷的渠道,使民间资本与中小企业融资之间铺设了有效的对接渠道。

5.4.2 P2P 网络贷款

P2P 网络借贷是一种直接融资形式,由于是线上模式,全国各地的投资者可以在平台上选择自己倾向的项目。民间资本充足的东部地区可以投资西部的项目,极大拓展交易的地理范围,缓解了地域资本差异,拓宽了交易的主体,使各地资金更能得到有效率的利用。在 P2P 平台上是不同企业、不同时限、不同利率的不同产品,投资者可以主动自由地选择自己倾向的投资产品。P2P 平台财大狮 3 年累计成交 15 亿余元,与家庭农场合作的养猪宝、养鸡宝等理财产品是该平台的明星产品。养猪宝是财大狮平台一款"互联网+养猪"模式的创新型理财产品，线上线下结合，用户可以通过在线购买仔猪，委托养猪场养殖，在线查看猪仔的饲喂情况和生长情况，到期可选择委托销售获取收益，或者直接到养猪场领取活猪。能够在线查看在一定程度上降低了投资者心中的风险评估，吸引了更多投资者的青睐。线上的财大狮平台与线下的深圳润民现代生态农业发展有限公司合作，财大狮作为一个P2P平台为润民公司筹资，用户可以自己自由选择偏好的产品进行投资，弥补了中小企业的资金缺口，同时也为民间资本提供了一个获得收益的渠道。

5.4.3 众筹

现在的众筹主要有两种形式，一种是购买模式，另一种是投资模式。购买模式主要是投资者对企业或项目进行投资，之后以优惠的价格获得项目或企业的产品作为回报。投资模式主要是投资公司或项目，可以获得公司一定比例的债权或股权，债权众筹还能获得一定利息收益，股权众筹大多是在公司成立之初。上线众筹项目能快速帮助中小企业对接资金。投资模式的产品价格通常不高，通过自身产品与价格吸引投资者，且风险相对于投资模式则较小，对风险规避偏好的投资者吸引力强。众筹对于需求资金相对不大的中小企业来说更为匹配，为需要资金的中小企业提供了一条新的便利的融资渠道，增加了企业发展初期的资金来源。

互联网金融为中小企业提供了良好的融资平台，让更多民间资本可以参与到中小企业的经营活动中，也为中小企业弥补资金缺口提供了一种更简便的方式。互联网金融是随着社会与经济的发展逐渐产生的一种方式，借助互联网金融实现了民间存量资本的阳光化、正规化。因此，互联网金融可以充分发挥民间资本存量的力量，推动互联网金融的发展与中小企业融资的实现。

附录1　吉林省中小企业融资偏好调查问卷

A. 企业基本情况

01. 企业名称：＿＿＿＿＿＿＿＿＿＿＿＿＿＿

02. 登记注册类型：＿＿＿＿＿＿＿

（1）国有及国有控股企业（2）集体企业（3）私营企业（4）港澳台商投资企业（5）股份有限公司（6）其他有限责任公司（7）个体

03. 所属行业：＿＿＿＿＿＿＿＿

（1）农业（2）建筑业（3）生产制造业（4）零售业（5）计算机互联网（6）物流（7）贸易业（8）交通运输业（9）餐饮娱乐业（10）其他（请列明）

04. 企业规模：＿＿＿＿＿＿＿

（1）大型（2）中型（3）小型

B. 企业融资情况（除注明为多选外，其余为单选）

01. 创办时企业筹资途径有哪些？（可多选）＿＿＿＿＿＿＿＿＿

（1）自有资金（2）民间借贷（3）内部员工集资（4）银行贷款（5）股东投资（6）财政投入（7）其他方式（请注明）＿＿＿＿＿

02. 企业自有资金所占比例：＿＿＿＿＿＿＿＿

（1）20%以下（2）20%~40%（3）40%~60%（4）60%~80%（5）80%以上

03. 企业的资本结构中资产负债比率为：_____

（1）20%以下 （2）20%~40% （3）40%~60% （4）60%以上

04. 企业在生产运营中有过几次融资行为？_____

（1）1~3次 （2）3~5次 （3）5~8次 （4）8次以上 （5）未发生

05. 企业融资投向是：_____

（1）补充流动资金 （2）扩大生产经营规模 （3）购置固定资产 （4）引进新产品新技术 （5）新产品新技术研究开发 （6）开展新项目 （7）拓展新市场 （8）其他（请注明）_____

06. 企业在融资过程中采用的融资渠道包括（可多选）：_____

（1）企业内部融资 （2）债权融资 （3）股权融资 （4）私募或上市融资 （5）引进风险投资 （6）项目融资 （7）贸易融资 （8）政策融资 （9）其他（请注明）

07. 本企业如果有融资需求，将采取偏好的融资方式（可多选）：_____

（1）自筹资金 （2）银行贷款 （3）民间借贷 （4）内部集资 （5）财政投入 （6）债权融资 （7）股权融资 （8）其他方式

08. 如果没有融资情况，原因是什么？（多选）_____

（1）资金充足

（2）认为企业自身资产和盈利状况难以获得贷款

（3）贷款费用高、审批时间长、手续复杂，不能满足企业需求

（4）不了解各种融资途径和方法

（5）不了解相关政策规定

（6）其他（请注明）_____

C. 企业对融资环境的看法和建议

01. 您认为在改善我省中小企业融资环境方面，哪些机构起决定性作用：（多选，按作用大小排序）_____

（1）政府 （2）银行 （3）信用担保机构 （4）民间借贷公司

（5）证监会（6）其他（请注明）＿＿＿＿＿＿

02. 您认为政府在企业融资过程中是否起到作用？＿＿＿＿＿

（1）有重要作用（2）有作用（3）作用不大（4）没有作用

03. 您认为导致中小企业融资困难的因素是什么？＿＿＿＿＿

（1）中小企业信用等级低，银企关系恶劣

（2）中小企业可用于抵押担保的资产不足

（3）缺乏对中小企业融资的政策扶持

（4）缺乏专门的金融管理机构

附录2　关于居民投资者投资偏好的调查问卷

问题1：您了解什么是民间投资吗？
☐非常了解　☐了解一些　☐一点都不了解

问题2：您平日里进行那种投资？
☐银行存款储蓄　☐股票　☐基金　☐债券　☐商业保险
☐股权投资　☐固定资产投资　☐其他类型投资
请阐述其他类型投资_____

问题3：您觉得未来那种投资的前景是您所看好的？（请选择三项）
☐银行存款储蓄　☐股票　☐基金　☐债券　☐商业保险
☐股权投资　☐固定资产投资　☐其他新型投资

问题4：对于您选择投资的决定性因素是什么？
☐投资收益性　☐投资风险的大小
☐投入资金的流动性　☐其他因素
请阐述其他因素_____

问题5：未来您是否会继续进行民间投资活动并阐明原因？
☐是　　　　　　☐否
原因是_____

问题6：对于新型的投资产品您有什么期望和需求？
我对新型投资产品的期望是_____

问题7：如果出现合适的投资产品您是否愿意买入？
□是　　　　　□否
问题8：关于民间投资的其他意见
我的意见如下＿＿＿＿＿＿＿＿＿＿＿＿＿＿＿＿＿＿＿＿＿

附录3　源数据记录表

源数据记录（2010年）

股票代码　定量指标	X1	X2	X3	X4	X5	X6
002002	1.3999	5.6248	8.1577	0.5578	-1.7072	0.2940
002004	5.6331	3.0779	8.5263	0.5534	6.6472	9.8746
002007	2.6108	2.2327	5.8103	0.5215	31.5735	26.2317
002009	1.4404	1.3043	2.1922	0.4187	11.1055	19.5872
002011	1.6242	4.4584	2.1049	0.3999	10.7525	8.1960
002012	0.5327	1.9811	8.0025	0.4102	-39.9155	-41.0601
002013	1.7028	2.1527	3.9964	0.4664	15.5966	16.2262
002016	5.1448	1.4091	2.5414	0.3088	-32.5978	-4.6738
002022	3.4975	3.4890	5.1701	0.6462	23.1937	30.7529
002026	2.3331	2.2301	3.9285	0.4803	5.8252	10.4925
002030	14.3424	4.7008	2.2989	0.5169	6.8536	4.2244
002031	0.8767	1.5228	8.3711	0.3427	2.0553	1.5865
002038	12.6313	0.9178	1.1640	0.0650	38.4935	39.9592
002041	3.6038	1.0478	16.3542	0.6366	6.9423	0.7637
002046	3.6059	2.4227	9.1180	0.6457	22.3304	22.3304
002057	0.9312	4.4911	5.4902	1.0841	130.76	120.0181
002066	0.7275	1.8042	2.6578	0.8035	28.6435	28.6435
002070	0.7663	4.1225	8.0316	0.7847	27.6518	27.5965

续表

股票代码 \ 定量指标	X1	X2	X3	X4	X5	X6
002073	0.8924	1.6587	4.1031	0.6289	26.0154	14.1116
002074	1.0379	5.1216	3.7927	0.8525	16.8091	13.5606
002086	0.3007	2.0758	9.9910	0.7253	16.3445	15.5268
002089	1.1058	2.8518	2.3571	0.5823	22.8551	26.7487
002100	1.5908	535.8862	43.7179	0.4967	99.8431	96.9301
002111	0.8633	1.5520	4.0837	0.7342	72.0778	80.0551
002113	1.0185	4.5008	11.2811	0.5299	37.8387	27.2405
002115	0.8148	1.2998	3.4435	0.8496	41.7789	38.3994

股票代码 \ 定量指标	X7	X8	X9	X10	X11	X12
002002	14.5432	-3.3659	4.0060	37.8281	0.7210	1.3983
002004	-0.6412	13.4588	1.8853	7.5457	1.0219	0.8072
002007	8.4312	4.9898	21.6213	20.6746	1.1280	1.8136
002009	5.0656	6.6155	-1.9846	40.4713	0.1047	1.3207
002011	20.1653	0.2769	0.3754	32.0973	3.8910	1.9143
002012	38.9242	-2.6995	-12.4160	52.0764	9.9609	0.4164
002013	10.8533	0.1592	19.2060	31.0419	7.7225	1.8121
002016	172.2749	291.9496	5.1914	15.2426	0.8396	1.1993
002022	2.5482	2.0876	20.5999	16.1971	0.9503	1.2716
002026	5.4992	6.7179	-11.6206	24.7476	0.0334	0.4354
002030	-4.9945	4.5242	4.7697	8.8721	4.4395	1.0254
002031	23.0181	7.3546	7.6381	34.8996	5.5474	1.2532
002038	5.5044	10.1268	45.4765	6.5700	1.4158	1.2958
002041	67.2947	146.6349	22.6359	12.4053	0.3788	0.6321
002046	91.3420	165.8603	38.9736	16.3717	1.3565	0.8645
002057	69.1193	27.2289	90.0849	57.0040	12.6682	-0.5810
002066	28.4328	14.0030	34.2343	52.0114	3.5604	-0.4372

续表

定量指标 股票代码	X7	X8	X9	X10	X11	X12
002070	25.1385	29.8362	42.2697	56.6965	7.5055	0.5958
002073	56.0738	45.1118	29.7295	51.8611	1.8354	-1.3250
002074	34.8308	19.6784	11.2986	54.7371	0.5927	0.8127
002086	46.9703	30.9750	21.6776	64.0714	2.8402	0.2340
002089	18.6211	22.2955	3.8154	46.2011	0.2642	-1.0612
002100	49.4941	54.2309	44.4361	37.6098	0.2338	0.3294
002111	62.4893	58.3940	50.0200	57.6083	12.0552	0.1188
002113	10.2112	14.1087	12.1250	56.4152	32.6628	1.1618
002115	31.7772	36.0510	29.9837	59.4872	2.7154	0.5362

源数据记录（2011 年）

定量指标 股票代码	X1	X2	X3	X4	X5	X6
002002	1.4288	5.7408	8.3259	0.5693	-1.7424	0.3001
002004	5.7492	3.1414	8.7021	0.5648	6.7843	10.0782
002007	2.6646	2.2788	5.9301	0.5322	32.2245	26.7726
002009	1.4701	1.3312	2.2374	0.4273	11.3345	19.9911
002011	1.6577	4.5503	2.1483	0.4082	10.9742	8.3650
002012	0.5437	2.0220	8.1675	0.4187	-40.7385	-41.9067
002013	1.7379	2.1971	4.0788	0.4760	15.9182	16.5607
002016	5.2509	1.4382	2.5938	0.3152	-33.2699	-4.7702
002022	3.5696	3.5609	5.2767	0.6595	23.6719	31.3870
002026	2.3812	2.2761	4.0095	0.4902	5.9453	10.7088
002030	14.6381	4.7977	2.3463	0.5276	6.9949	4.3115
002031	0.8948	1.5542	8.5437	0.3498	2.0977	1.6192
002038	12.8918	0.9367	1.1880	0.0663	39.2872	40.7831
002041	3.6781	1.0694	16.6914	0.6497	7.0854	0.7794

续表

定量指标 股票代码	X1	X2	X3	X4	X5	X6
002046	3.6802	2.4726	9.3060	0.6590	22.7908	22.7908
002057	0.9504	4.5837	5.6034	1.1064	133.4520	122.4927
002066	0.7425	1.8414	2.7126	0.8201	29.2341	29.2341
002070	0.7821	4.2075	8.1972	0.8009	28.2219	28.1655
002073	0.9108	1.6929	4.1877	0.6419	26.5518	14.4025
002074	1.0593	5.2272	3.8709	0.8701	17.1557	13.8402
002086	0.3069	2.1186	10.1970	0.7402	16.6815	15.8469
002089	1.1286	2.9106	2.4057	0.5943	23.3264	27.3002
002100	1.6236	546.9354	44.6193	0.5070	101.9017	98.9286
002111	0.8811	1.5840	4.1679	0.7493	73.5639	81.7057
002113	1.0395	4.5936	11.5137	0.5408	38.6189	27.8022
002115	0.8316	1.3266	3.5145	0.8671	42.6403	39.1911

定量指标 股票代码	X7	X8	X9	X10	X11	X12
002002	14.8431	-3.4353	4.0886	38.6080	0.7359	1.4271
002004	-0.6544	13.7363	1.9242	7.7013	1.0430	0.8239
002007	8.6051	5.0927	22.0671	21.1009	1.1513	1.8510
002009	5.1701	6.7519	-2.0255	41.3058	0.1068	1.3479
002011	20.5811	0.2826	0.3831	32.7591	3.9712	1.9538
002012	39.7267	-2.7552	-12.6720	53.1501	10.1663	0.4250
002013	11.0771	0.1625	19.6020	31.6820	7.8817	1.8494
002016	175.8270	297.9692	5.2985	15.5569	0.8569	1.2240
002022	2.6007	2.1307	21.0246	16.5310	0.9699	1.2978
002026	5.6126	6.8564	-11.8602	25.2579	0.0341	0.4444
002030	-5.0975	4.6175	4.8680	9.0550	4.5310	1.0465
002031	23.4927	7.5063	7.7956	35.6192	5.6618	1.2791
002038	5.6179	10.3356	46.4142	6.7055	1.4450	1.3225

定量指标 股票代码	X7	X8	X9	X10	X11	X12
002041	68.6822	149.6583	23.1026	12.6611	0.3866	0.6451
002046	93.2253	169.2801	39.7772	16.7092	1.3845	0.8823
002057	70.5444	27.7903	91.9423	58.1793	12.9294	-0.5930
002066	29.0191	14.2917	34.9402	53.0838	3.6338	-0.4462
002070	25.6568	30.4514	43.1412	57.8655	7.6602	0.6081
002073	57.2299	46.0419	30.3425	52.9304	1.8733	-1.3523
002074	35.5489	20.0841	11.5315	55.8657	0.6049	0.8294
002086	47.9388	31.6137	22.1245	65.3925	2.8987	0.2388
002089	19.0050	22.7552	3.8941	47.1537	0.2697	-1.0831
002100	50.5146	55.3490	45.3523	38.3853	0.2386	0.3362
002111	63.7778	59.5980	51.0513	58.7961	12.3037	0.1213
002113	10.4217	14.3996	12.3750	57.5784	33.3363	1.1857
002115	32.4324	36.7943	30.6019	60.7137	2.7714	0.5473

源数据记录（2012年）

定量指标 股票代码	X1	X2	X3	X4	X5	X6
002002	1.4432	5.7988	8.41	0.575	-1.76	0.3031
002004	5.8073	3.1731	8.79	0.5705	6.8528	10.18
002007	2.6915	2.3018	5.99	0.5376	32.55	27.043
002009	1.4849	1.3446	2.26	0.4316	11.449	20.193
002011	1.6744	4.5963	2.17	0.4123	11.085	8.4495
002012	0.5492	2.0424	8.25	0.4229	-41.15	-42.33
002013	1.7555	2.2193	4.12	0.4808	16.079	16.728
002016	5.3039	1.4527	2.62	0.3184	-33.606	-4.8184
002022	3.6057	3.5969	5.33	0.6662	23.911	31.704
002026	2.4053	2.2991	4.05	0.4952	6.0054	10.817

续表

定量指标 股票代码	X1	X2	X3	X4	X5	X6
002030	14.786	4.8462	2.37	0.5329	7.0656	4.3551
002031	0.9038	1.5699	8.63	0.3533	2.1189	1.6356
002038	13.022	0.9462	1.2	0.067	39.684	41.195
002041	3.7153	1.0802	16.86	0.6563	7.157	0.7873
002046	3.7174	2.4976	9.4	0.6657	23.021	23.021
002057	0.96	4.63	5.66	1.1176	134.8	123.73
002066	0.75	1.86	2.74	0.8284	29.5294	29.5294
002070	0.79	4.25	8.28	0.809	28.507	28.45
002073	0.92	1.71	4.23	0.6484	26.82	14.548
002074	1.07	5.28	3.91	0.8789	17.329	13.98
002086	0.31	2.14	10.3	0.7477	16.85	16.007
002089	1.14	2.94	2.43	0.6003	23.562	27.576
002100	1.64	552.46	45.07	0.5121	102.931	99.9279
002111	0.89	1.6	4.21	0.7569	74.307	82.531
002113	1.05	4.64	11.63	0.5463	39.009	28.083
002115	0.84	1.34	3.55	0.8759	43.071	39.587

定量指标 股票代码	X7	X8	X9	X10	X11	X12
002002	14.993	-3.47	4.1299	38.998	0.7433	1.4415
002004	-0.661	13.875	1.9436	7.7791	1.0535	0.8322
002007	8.692	5.1441	22.29	21.314	1.1629	1.8697
002009	5.2223	6.8201	-2.046	41.723	0.1079	1.3615
002011	20.789	0.2855	0.387	33.09	4.0113	1.9735
002012	40.128	-2.783	-12.8	53.687	10.269	0.4293
002013	11.189	0.1641	19.8	32.002	7.9613	1.8681
002016	177.603	300.979	5.352	15.714	0.8656	1.2364
002022	2.627	2.1522	21.237	16.698	0.9797	1.3109

续表

定量指标 股票代码	X7	X8	X9	X10	X11	X12
002026	5.6693	6.9257	-11.98	25.513	0.0344	0.4489
002030	-5.149	4.6641	4.9172	9.1465	4.5768	1.0571
002031	23.73	7.5821	7.8743	35.979	5.719	1.292
002038	5.6746	10.44	46.883	6.7732	1.4596	1.3359
002041	69.376	151.17	23.336	12.789	0.3905	0.6516
002046	94.167	170.99	40.179	16.878	1.3985	0.8912
002057	71.257	28.071	92.871	58.767	13.06	-0.599
002066	29.3122	14.4361	35.2931	53.62	3.6705	-0.4507
002070	25.916	30.759	43.577	58.45	7.7376	0.6142
002073	57.808	46.507	30.649	53.465	1.8922	-1.366
002074	35.908	20.287	11.648	56.43	0.611	0.8378
002086	48.423	31.933	22.348	66.053	2.928	0.2412
002089	19.197	22.985	3.9334	47.63	0.2724	-1.094
002100	51.0248	55.9081	45.8104	38.773	0.241	0.3396
002111	64.422	60.2	51.567	59.39	12.428	0.1225
002113	10.527	14.545	12.5	58.16	33.673	1.1977
002115	32.76	37.166	30.911	61.327	2.7994	0.5528

源数据记录（2013年）

定量指标 股票代码	X1	X2	X3	X4	X5	X6
002002	1.4576	5.8568	8.4941	0.5808	-1.7776	0.3061
002004	5.8654	3.2048	8.8779	0.5762	6.9213	10.2818
002007	2.7184	2.3248	6.0499	0.5430	32.8755	27.3134
002009	1.4997	1.3580	2.2826	0.4359	11.5635	20.3949
002011	1.6911	4.6423	2.1917	0.4164	11.1959	8.5340

续表

定量指标 股票代码	X1	X2	X3	X4	X5	X6
002012	0.5547	2.0628	8.3325	0.4271	-41.5615	-42.7533
002013	1.7731	2.2415	4.1612	0.4856	16.2398	16.8953
002016	5.3569	1.4672	2.6462	0.3216	-33.9421	-4.8666
002022	3.6418	3.6329	5.3833	0.6729	24.1501	32.0210
002026	2.4294	2.3221	4.0905	0.5002	6.0655	10.9252
002030	14.9339	4.8947	2.3937	0.5382	7.1363	4.3987
002031	0.9128	1.5856	8.7163	0.3568	2.1401	1.6520
002038	13.1522	0.9557	1.2120	0.0677	40.0808	41.6070
002041	3.7525	1.0910	17.0286	0.6629	7.2286	0.7952
002046	3.7546	2.5226	9.4940	0.6724	23.2512	23.2512
002057	0.9696	4.6763	5.7166	1.1288	136.1480	124.9673
002066	0.7575	1.8786	2.7674	0.8367	29.8247	29.8247
002070	0.7979	4.2925	8.3628	0.8171	28.7921	28.7345
002073	0.9292	1.7271	4.2723	0.6549	27.0882	14.6935
002074	1.0807	5.3328	3.9491	0.8877	17.5023	14.1198
002086	0.3131	2.1614	10.4030	0.7552	17.0185	16.1671
002089	1.1514	2.9694	2.4543	0.6063	23.7976	27.8518
002100	1.6564	557.9846	45.5207	0.5172	103.9603	100.9272
002111	0.8989	1.6160	4.2521	0.7645	75.0501	83.3563
002113	1.0605	4.6864	11.7463	0.5518	39.3991	28.3638
002115	0.8484	1.3534	3.5855	0.8847	43.5017	39.9829

定量指标 股票代码	X7	X8	X9	X10	X11	X12
002002	15.1429	-3.5047	4.1712	39.3880	0.7507	1.4559
002004	-0.6676	14.0138	1.9630	7.8569	1.0640	0.8405

续表

定量指标 股票代码	X7	X8	X9	X10	X11	X12
002007	8.7789	5.1955	22.5129	21.5271	1.1745	1.8884
002009	5.2745	6.8883	-2.0665	42.1402	0.1090	1.3751
002011	20.9969	0.2884	0.3909	33.4209	4.0514	1.9932
002012	40.5293	-2.8108	-12.9280	54.2239	10.3717	0.4336
002013	11.3009	0.1657	19.9980	32.3220	8.0409	1.8868
002016	179.3790	303.9888	5.4055	15.8711	0.8743	1.2488
002022	2.6533	2.1737	21.4494	16.8650	0.9895	1.3240
002026	5.7260	6.9950	-12.0998	25.7681	0.0347	0.4534
002030	-5.2005	4.7107	4.9664	9.2380	4.6226	1.0677
002031	23.9673	7.6579	7.9530	36.3388	5.7762	1.3049
002038	5.7313	10.5444	47.3518	6.8409	1.4742	1.3493
002041	70.0698	152.6817	23.5694	12.9169	0.3944	0.6581
002046	95.1087	172.6999	40.5808	17.0468	1.4125	0.9001
002057	71.9696	28.3517	93.7997	59.3547	13.1906	-0.6050
002066	29.6053	14.5805	35.6460	54.1562	3.7072	-0.4552
002070	26.1752	31.0666	44.0128	59.0345	7.8150	0.6203
002073	58.3861	46.9721	30.9555	53.9997	1.9111	-1.3797
002074	36.2671	20.4899	11.7645	56.9943	0.6171	0.8462
002086	48.9072	32.2523	22.5715	66.7135	2.9573	0.2436
002089	19.3890	23.2149	3.9727	48.1063	0.2751	-1.1049
002100	51.5350	56.4672	46.2685	39.1607	0.2434	0.3430
002111	65.0662	60.8020	52.0827	59.9839	12.5523	0.1237
002113	10.6323	14.6905	12.6250	58.7416	34.0097	1.2097
002115	33.0876	37.5377	31.2201	61.9403	2.8274	0.5583

源数据记录（2014 年）

定量指标 股票代码	X1	X2	X3	X4	X5	X6
002002	1.4865	5.9728	8.6623	0.5923	-1.8128	0.3122
002004	5.9815	3.2683	9.0537	0.5876	7.0584	10.4854
002007	2.7722	2.3709	6.1697	0.5537	33.5265	27.8543
002009	1.5294	1.3849	2.3278	0.4445	11.7925	20.7988
002011	1.7246	4.7342	2.2351	0.4247	11.4176	8.7030
002012	0.5657	2.1037	8.4975	0.4356	-42.3845	-43.5999
002013	1.8082	2.2859	4.2436	0.4952	16.5614	17.2298
002016	5.4630	1.4963	2.6986	0.3280	-34.6142	-4.9630
002022	3.7139	3.7048	5.4899	0.6862	24.6283	32.6551
002026	2.4775	2.3681	4.1715	0.5101	6.1856	11.1415
002030	15.2296	4.9916	2.4411	0.5489	7.2776	4.4858
002031	0.9309	1.6170	8.8889	0.3639	2.1825	1.6847
002038	13.4127	0.9746	1.2360	0.0690	40.8745	42.4309
002041	3.8268	1.1126	17.3658	0.6760	7.3717	0.8109
002046	3.8289	2.5725	9.6820	0.6857	23.7116	23.7116
002057	0.9888	4.7689	5.8298	1.1511	138.8440	127.4419
002066	0.7725	1.9158	2.8222	0.8533	30.4153	30.4153
002070	0.8137	4.3775	8.5284	0.8333	29.3622	29.3035
002073	0.9476	1.7613	4.3569	0.6679	27.6246	14.9844
002074	1.1021	5.4384	4.0273	0.9053	17.8489	14.3994
002086	0.3193	2.2042	10.6090	0.7701	17.3555	16.4872
002089	1.1742	3.0282	2.5029	0.6183	24.2689	28.4033
002100	1.6892	569.0338	46.4221	0.5275	106.0189	102.9257
002111	0.9167	1.6480	4.3363	0.7796	76.5362	85.0069
002113	1.0815	4.7792	11.9789	0.5627	40.1793	28.9255
002115	0.8652	1.3802	3.6565	0.9022	44.3631	40.7746

续表

股票代码\定量指标	X7	X8	X9	X10	X11	X12
002002	15.4428	-3.5741	4.2538	40.1679	0.7656	1.4847
002004	-0.6808	14.2913	2.0019	8.0125	1.0851	0.8572
002007	8.9528	5.2984	22.9587	21.9534	1.1978	1.9258
002009	5.3790	7.0247	-2.1074	42.9747	0.1111	1.4023
002011	21.4127	0.2941	0.3986	34.0827	4.1316	2.0327
002012	41.3318	-2.8665	-13.1840	55.2976	10.5771	0.4422
002013	11.5247	0.1690	20.3940	32.9621	8.2001	1.9241
002016	182.9311	310.0084	5.5126	16.1854	0.8916	1.2735
002022	2.7058	2.2168	21.8741	17.1989	1.0091	1.3502
002026	5.8394	7.1335	-12.3394	26.2784	0.0354	0.4624
002030	-5.3035	4.8040	5.0647	9.4209	4.7141	1.0888
002031	24.4419	7.8096	8.1105	37.0584	5.8906	1.3308
002038	5.8448	10.7532	48.2895	6.9764	1.5034	1.3760
002041	71.4573	155.7051	24.0361	13.1727	0.4022	0.6711
002046	96.9920	176.1197	41.3844	17.3843	1.4405	0.9179
002057	73.3947	28.9131	95.6571	60.5300	13.4518	-0.6170
002066	30.1916	14.8692	36.3519	55.2286	3.7806	-0.4642
002070	26.6935	31.6818	44.8843	60.2035	7.9697	0.6326
002073	59.5422	47.9022	31.5685	55.0690	1.9490	-1.4070
002074	36.9852	20.8956	11.9974	58.1229	0.6293	0.8629
002086	49.8757	32.8910	23.0184	68.0346	3.0158	0.2484
002089	19.7729	23.6746	4.0514	49.0589	0.2806	-1.1268
002100	52.5555	57.5853	47.1847	39.9362	0.2482	0.3498
002111	66.3547	62.0060	53.1140	61.1717	12.8008	0.1262
002113	10.8428	14.9814	12.8750	59.9048	34.6832	1.2336
002115	33.7428	38.2810	31.8383	63.1668	2.8834	0.5694

注：定量指标 X1~X12 分别代表速动比率、存货周转率、应收账款周转率、总资产周转率、税前利润增长率、净利润增长率、总资产增长率、股东权益增长率、主营利润增长率、资产负债率、长期负债资产比、净利润现金含量。

参考文献

[1] 柳建华,魏海明. 投资者保护的内涵与分析框架 [J]. 中山大学学报,2010,3(3):193-200.

[2] 柳建华,魏明海,刘峰. 中国上市公司投资者保护测度与评价 [J]. 金融学季刊,2013,7(1):26-58.

[3] 李芳. 中国中小企业信用评级指标体系研究 [D]. 西南财经大学毕业论文,2009.

[4] 张太原,谢赤,高芳. 利率对上市公司资本结构影响的实证研究 [J]. 金融研究,2007(12):179-185.

[5] 沈艺峰,肖珉,林涛. 投资者保护与上市公司资本结构 [J]. 经济研究,2009(7):131-142.

[6] 萧维. 企业资信评级 [M]. 北京:中国财政经济出版社,2005.

[7] 张其仔,尚教,周雪琳等. 企业信用管理 [M]. 北京:对外经济贸易大学出版社,2012.

[8] 夏敏仁,林汉川. 企业信用评级:基于国外经验的中国体系研究 [M]. 上海:上海财经大学出版社,2006.

[9] 林汉川,夏敏仁. 企业信用评级理论与实务 [M]. 北京:对外经济贸易大学出版社,2013.

[10] 刘攀,吴冬梅. 试论信用评级制度对信用风险的弱化作

用——基于合约经济学的分析 [J]. 西南金融, 2003 (11): 54 – 55.

[11] Yu. Ru Syau, E StanleyLee. Fuzzy Numbers in the Credit Rating OfEnterprise Financial Condition [J]. Review of Quantitative Financeand Accounting, 2011 (12).

[12] Darren J. Kisgen. Credit Ratings and Capital Structure [J]. AFA 2004 SanDiego Meetings, May 29, 2009.

[13] 吉林省统计局. 吉林省2016年统计年鉴 [M]. 吉林: 吉林省统计局出版社, 2016.

[14] 许春燕, 潘福林. 吉林省民间投资的现状及政策选择 [J]. 工业技术经济, 2004, 23 (1): 20 – 21.

[15] 杨晶. "十二五"促进民间投资, 规模近千亿 [N]. 延边日报, 2013 – 04 – 12.

[16] 杨嵩男. 2016年吉林省民间投资增速预计超10% [N]. 长春日报, 2016 – 01 – 17.

[17] 王瑞. 2015年白城市民间投资发展状况 [N]. 白城日报, 2015 – 12 – 12.

[18] 张博. 吉林省民间投资增速再创新高 [N]. 吉林日报, 2015 – 12 – 16.

[19] 李竹青. 重大项目成民间投资大舞台 [N]. 经济参考报, 2017 – 03 – 24.

[20] 许春燕, 潘福林. 吉林省民间投资的现状及政策选择 [J]. 工业技术经济, 2004, 23 (1): 20 – 21.

[21] 冯志国. 制约吉林省民间投资的主要因素及对策分析 [M]. 吉林: 吉林省教育学院出版社, 2016.

[22] 刘恒璇. 对延边民间投资状况的几点思考 [J]. 延边大学学报 (社会科学版), 2005, 38 (1): 72 – 76.

[23] 袁晓芳. 吉林省促进民间资本支持科技型创业的对策研究

[M]．吉林：吉林大学出版社，2008．

[24] 王新蕾．投资者保护的执法环境对上市公司股利政策的影响研究［D］．山东财经大学，2014．

[25] 潘丽丽．我国中小投资者保护现状分析［D］．西南财经大学，2014．

[26] 金玉．中小投资者法律保护与股权集中度：替代抑或结果［D］．西南财经大学，2014．

[27] 刘彦平．中小股权保护的制度基础［M］．北京：人民出版社，2006．

[28] 张世增．加强我国上市公司中小投资者权益保护的思考［J］．福建金融，2014（1）：27–32．

[29] 刘艳．我国上市公司投资者关系管理的现状分析［J］．商场现代化，2010（36）：78–79．

[30] 刘白兰，李江涛．政府掠夺、内部人合谋与公司治理——兼论中小投资者保护［J］．金融经济学研究，2010（3）：3–19．

[31] 孙莉．我国证券市场投资者保护水平与证券市场效率的实证研究［J］．山东财政学院学报，2009（4）：61–65．

[32] 杜晶．我国上市公司会计信息披露的问题分析及对策［J］．吉林工商学院学报，2008，24（6）：46–49．

[33] 杨贵宾，王晓芳．投资者保护、证券市场与经济增长［J］．系统管理学报，2004，13（6）：524–529．

[34] 廖凌睿．现金股利分配涉入的中小投资者利益保护实证研究［D］．重庆工商大学，2015．

[35] 宋万平．资本市场监管与投资者保护［D］．吉林大学，2015．

[36] 梁利辉．终极控制股东、投资者保护与会计稳健性［D］．西南交通大学，2015．

[37] Durnev A, Morck R, and Yeung B. Value-Enhancing Capital

Budgeting and Firm-specific Stock Return Variation [J]. The Journal of Finance. 2004 (59): 65 - 105.

[38] 耿传辉. 吉林省中小企业融资问题分析及对策 [J]. 长春工程学院学报 (社会科学版), 2006, 7 (4): 32 - 35.

[39] 耿新. 我国中小企业信贷融资渠道不畅的成因及对策 [J]. 内蒙古科技与经济, 2004 (7): 10 - 12.

[40] 崔凤阁, 刘冰, 张弛. 稳健货币政策下中小企业融资研究 [J]. 工业技术经济, 2013 (3): 77 - 81.

[41] 郭明. 吉林省中小企业技术创新现状浅析 [J]. 吉林省经济管理干部学院学报, 2015, 29 (5): 50 - 51.

[42] 张会平. 化解吉林省中小企业融资困境的金融对策 [J]. 税务与经济, 2015 (3): 110 - 112.

[43] 曹志鹏, 程佳佳. 关系型贷款与我国中小企业融资 [J]. 金融与经济, 2013 (1): 76 - 78.

[44] 姜世梅. 我国中小型企业融资相关问题研究 [J]. 经济视野, 2014 (14): 335 - 335.

[45] 朱佐为. 中小型企业财务管理存在的问题及对策 [J]. 经贸实践, 2015 (7): 69 - 70.

[46] 陈华. 企业民间信贷融资现状分析及规范方式探讨 [J]. 中外企业家, 2014 (18): 11 - 13.

[47] 王筱宇. "麦克米伦缺口" 分析及中国式治理 [J]. 江南大学学报 (人文社会科学版), 2011, 10 (6): 67 - 70.

[48] 惠智乾. 我国中小企业融资问题研究 [J]. 知识经济, 2015 (8): 104 - 105.

[49] 林伯先. 浅析我国民间信贷发展现状及影响 [J]. 经济师, 2013 (2): 198 - 200.

[50] 吴瑕. 融资有道 [M]. 北京: 中国经济出版社, 2012.

[51] 王铁军. 中国中小企业融资 28 种模式［M］. 北京：中国金融出版社，2014.

[52] 张杰，刘东. 微型企业融资困境与金融机构行为选择问题研究［J］. 生产力研究，2007（1）：32 - 33.

[53] 林毅夫，李永军. 中小金融机构发展与中小企业融资［J］. 经济研究，2001（1）：10 - 18，53.

[54] 刘曼红. 中国中小企业融资问题研究［M］. 北京：中国人民大学出版社，2014.

[55] 黄孟复. 中国小企业融资状况调查［M］. 北京：中国财政经济出版社，2013.

[56] 程剑鸣，孙晓岭. 中小企业融资［M］. 北京：清华大学出版社，2015.

[57] 罗丹阳. 中小企业民间融资第 5 版［M］. 上海：中国金融出版社，2014.

[58] 马光远. 细品"民间投资 36 条"［J］. 新理财（政府理财），2010（6）：12，26，27.

[59] 董俊平，肖圣章. 国务院"新 36 条"几大亮点与突破［J］. 政策瞭望，2010（6）：48 - 49.

[60] 马光远. "温州之殇"的制度反思［J］. 中国经济信息，2011（21）：33 - 34.

[61] 朱华. 透视与求解：政府在解决中小企业融资难问题中的功能和定位［J］. 武汉金融，2007（1）：35 - 36.

[62] 杨舒雯. 加快转型背景下我国地方政府投融资困境分析及对策研究［D］. 贵州大学，2015.

[63] 张琳. 民间投资增速回落李克强为什么抓住这件事不放——企业信用与评估管理平台［N］. 新华日报，2016 - 07 - 07.

[64] 投资北京编辑部. 让民间资本投资"有门"［J］. 投资北京，

2016（9）．

[65] 张卫华，王爱花．经济增长已企稳 宏观环境仍复杂——2013年全区经济运行述评［J］．市场论坛，2014（4）：18-19．

[66] 朱艳艳．民间投资参与基础设施建设法英模式比较研究［D］．北京交通大学，2010．

[67] 张进全．加强民营企业党建工作思考［J］．企业文化旬刊，2015（8）．

[68] 许春燕，潘福林．吉林省民间投资的现状及政策选择［J］．工业技术经济，2004，23（1）：20-21．

[69] 王凌霞．吉林省：服务做加法 管理做减法［J］国际商报，2016（10）．

[70] 杨阳．吉林市民间投资与经济增长关系的实证研究［D］．东北财经大学，2014．

[71] 葛文卓．吉林省民间投资活力的影响因素及提升对策研究［D］．吉林大学，2015．

[72] 李国义．民间投资论［M］．北京：中国财政经济出版社，2016．

[73] 郭国防．激发民资扩大投资 拉动经济持续增长［J］．广东经济，2016（10）：24-25．

[74] 朱振东．吉林省中小企业融资问题研究［J］．商场现代化，2011（12）：78-78．

[75] 王大华．对吉林省中小企业融资难问题的探讨［J］．吉林工程技术师范学院学报，2010，26（11）：10-11．

[76] 耿传辉．吉林省中小企业融资问题分析及对策［J］．长春工程学院学报（社会科学版），2006，7（4）：32-35．

[77] 刘祚群．中小企业融资中的政府行为分析［J］．中国商论，2013（36）：107-108．

[78] 陈意新. 政府在解决中小企业融资中的作用 [J]. 经济研究导刊, 2009 (14): 63-64.

[79] 郭荔, 师帅朋, 田广研. 我国中小企业资本结构特征与优化策略分析 [J]. 商业经济研究, 2012 (34): 69-70.

[80] 赵恒. 我国中小型企业融资现状的调查分析及创新研究 [J]. 商场现代化, 2011 (10): 71-73.

[81] 林俐. 中小企业融资偏好与资本结构优化策略 [J]. 四川师范大学学报（社会科学版）, 2013 (4): 74-79.

[82] 王大华. 对吉林省中小企业融资难问题的探讨 [J]. 吉林工程技术师范学院学报, 2010, 26 (11): 10-11.

[83] 高萌. 关于我国中小企业融资难的问题研究 [J]. 时代金融, 2010 (11): 86-87.

[84] 王在全. 中小微企业融资新三十六计 [M]. 北京：中国经济出版社, 2014.

[85] 李玉潭. 吉林省中小企业发展报告 [M]. 长春：吉林大学出版社, 2012.

[86] 靳大勇. 我国民间资本的发展与规范研究 [D]. 山西财经大学, 2013.

[87] 王筱宇. "麦克米伦缺口"分析及中国式治理 [N]. 江南大学学报, 2011, 10 (6).

[88] 李山锡. 民间资本相对过剩问题浅析 [J]. 现代经济信息, 2012 (24): 1-1.

[89] 董正铎. 基于民间金融视角下的中国中小企业融资问题研究 [D]. 浙江师范大学, 2010.

[90] 王合丽. 基于民间金融视角的中小企业融资渠道 [J]. 经营与管理, 2012 (3): 77-78.

[91] 石曦. 中小企业民间融资的适应性与风险防范 [J]. 中国商

论，2013（14）：109-110.

[92] 董会霞. 我国中小企业融资与民间资本对接问题研究 [J]. 财经界（学术版），2015（5）：127-127.

[93] 王伟. 民间借贷视角下我国中小企业的融资模式研究 [D]. 中国海洋大学，2013.

[94] 纪燕飞. 民间金融解决中小企业融资困境——以新型互联网金融为例 [D]. 辽宁大学，2014.

[95] 郑宏韬. 浅析我国中小企业融资"麦克米伦缺口"的解决策略 [J]. 时代金融，2013（30）.

[96] 林汉川，秦志辉，池仁勇. 中国中小企业发展报告 2015 [M]. 北京：北京大学出版社，2015.